J. Marquart

Die Chronologie der alttürkischen Inschriften

J. Marquart

Die Chronologie der alttürkischen Inschriften

ISBN/EAN: 9783743316652

Hergestellt in Europa, USA, Kanada, Australien, Japan

Cover: Foto ©ninafisch / pixelio.de

Manufactured and distributed by brebook publishing software (www.brebook.com)

J. Marquart

Die Chronologie der alttürkischen Inschriften

DIE CHRONOLOGIE

DER

ALTTÜRKISCHEN INSCHRIFTEN.

VON

Dr. J. MARQUART,
PRIVATDOZENTEN DER ALTEN GESCHICHTE AN DER UNIVERSITÄT TÜBINGEN.

Mit einem Vorwort und Anhang von Prof. W. Bang in Löwen.

LEIPZIG,
DIETERICH'SCHE VERLAGS-BUCHHANDLUNG
THEODOR WEICHER,
1898.

DRUCK VON H. LAUPP JR IN TÜBINGEN.

VIRO · PRAECLARISSIMO
DE · HISTORIA · LITERISQVE · ORIENTALIBVS
OPTIME · MERITO

M · J · DE · GOEJE

Vorwort.

Dr. Marquart teilte mir am 21. V. 98 mit, dass er durch meine Bemerkung über jäti otuz I N 1 (cf. WZKM, XII, p. 39) dazu veranlasst worden sei, die ganze Chronologie der Inschriften einer Revision zu unterziehen; es habe sich dabei herausgestellt, dass eine ganze Anzahl der übrigen Daten ebenfalls um 10 zu hoch angesetzt seien. Am Pfingstsonntag empfing ich sodann die hier veröffentlichte Arbeit, nach deren Kenntnissnahme mir nichts anderes übrig blieb, als mich ihrer zwingenden Logik zu fügen und Marquarts chronologische Ansetzungen in extenso anzunehmen.

Es trat nun eine schwerwiegende Frage an uns heran: woher stammte der Fehler? Wir waren beide darüber nicht recht im Klaren, besonders nach der richtigen Ansetzung der Erhebung des Bilgä-Khan (Mägrän) zum Schad der Tardusch.

Ich erinnerte mich nun, dass ich schon im Sommer vorigen Jahres bei Durchnahme von II S 9 (män tokuz jägirmi jyl šad olurtym, tokuz jägirmi jyl kagan olurtym) die Möglichkeit ins Auge gefasst hatte, dass tokuz jägirmi nicht sowohl 29 als vielmehr 19 bedeuten müsse; leider konnte ich damals mit dieser Annahme nicht weiter kommen, da ich ja eben mit allen andern Erklärern die Ernennung des Khans zum Schad falsch datierte.

Die Probe, die ich jetzt, auf Marquart fussend, machte, war ausschlaggebend: übersetzt man in II S 9 tokuz jägirmi durch „neunzehn", so ist Alles in Ordnung; ich wurde in dieser Ansicht nur noch bestärkt durch die Thatsache, dass nur die Daten angeblich einen Fehler enthalten mussten, welche, wie tokuz jägirmi, aus Einer + Zehner bestanden, während die aus einfachem Zehner oder aus Zehner + artuky¹) + Einer zusammengesetzten Daten sämmtlich in Ordnung waren!

Mein Resultat war also, dass
tört jägirmi (vier zwanzig)
bir otuz (eins dreissig)
alty otuz (sechs dreissig) etc. etc.
aufzufassen sind als „vier auf zwanzig hin, der vor Zwanzig stehende Vierer etc. = 14" u. s. w. Man fasste also — ganz altaisch, man denke auch an das Finnische — nach 10 den nächst höheren Zehner ins Auge und rückte ihm allmählich näher, indem man den gewollten Einer einfach vorreihte: 10; 1 auf 20 = 11; 2 auf 20 = 12; 5 auf 30 = 25 etc. ²).

Eine gewisse Schwierigkeit liegt ja darin, dass wir m. W. eine derartige Zählweise im Altaischen sonst nirgends nachweisen können³); ich gebe das ganz unumwunden zu, und zwar um so lieber, als es trotzdem nicht den geringsten Zweifel leidet, dass meine Ansetzung richtig ist, da sie eben durch

---

1) = artuk-y, cf. اُرْدُق, jakut. orduk; yon ordug-a bir =11! BÖHTLINGK, § 680.

2) Principiell dürfen wir vielleicht auch annehmen, dass man analogistisch später z. Z. tört on für tört gebraucht habe; das bleibt abzuwarten, denn wenn RADLOFF (p. 333), den in der Inschrift vom Altyn-Köl vorkommenden Complex 1tun mit „sechzehn" oder (N. F. p. 68) mit „sechzig" übersetzen will, so hat nur die letztere Annahme einige Wahrscheinlichkeit für sich (also zu lesen: alton; cf. sagaisch alton = „60", Proben, II, p. 263, Vers 467, wenn nicht altun „Gold" vorliegt, da die ganze Stelle wegen des unklaren šunda schwierig ist; die Stellung von šunda, in der von RADLOFF angenommenen Bedeutung, zwischen dem Zahlwort und jaš wäre doch wohl untürkisch). Warum man übrigens einem 16jährigen Jüngling keinen Grab- (RADL. p. 300) oder Gedenk-Stein setzen sollte (N. F. p. 68), entgeht mir; nach meiner jetzigen Auffassung bekommt ein 13Jähriger einen Grabstein gesetzt am Ulug-kem Ottyk-Tasch (RADL. p. 308); cf. oglannyṅ in Z. 9 von No. 21 (150) der türk. Inschr. von Semirjetschie (CHWOLSON, Mém. Ac. Imp. St. Pétersb., XXXVII, No. 8, p. 139).

3) In gewisser Hinsicht liessen sich etwa iki kem un = 8, bir kem otuz = 29 etc. vergleichen, die VÁMBÉRY, Čag. Spr., p. 17 aus Buchara, Chokand und Chiva aufführt.

das ganze Ensemble der Inschriften gefordert wird [1]). Auf jeden Fall können wir auch für die alte Auffassung von tört jägirmi = 24 kein Analogon anführen [2]); ja, diese alte Auffassung ist sogar nicht nur untürkisch, sondern auch vollkommen unaltaisch, da sonst auf dem ganzen Gebiet umgekehrt der Zehner vor dem Einer steht.

So mag uns denn das ganze Vorkommniss eine neue Lehre sein, dass wir, ohne grossen Schaden für unsere Erkenntniss, auch nicht das geringste Material vernachlässigen dürfen, und dass selbst „längst bekannte und veröffentlichte Thatsachen", richtig interpretiert, für die Erklärung dieser Texte von unberechenbarem Werte sind. Eine Erklärung, die sich dieser Hilfsmittel freiwillig beraubt und ihren Schwerpunkt in sprachliche Erläuterungen verlegt, muss sich notwendigerweise früher oder später bitter rächen. Das Ideal bleibt auch hier, dass historische und linguistisch-philologische Erklärung sich geschwisterlich die Hand reichen, um uns den Sinn dieser kostbaren Inschriften ganz und gar zu enthüllen. Es steht allerdings zu befürchten, dass der wackere Reitergeneral Kül-Tägin dort oben in seinem Türk-Tängri noch eine gute Weile über unsere Bemühungen belustigt den Kopf schütteln wird.

Löwen, 5. Juni 1898.

W. Bang.

---

1) Zu berechnen bleiben nur noch die Datierungen der beiden Steine in INE und II S. 10. Wir überlassen das am besten einem mit der chines. Chronologie vollkommen Vertrauten; hier nur eine Frage: kann man im selben Datum die Datierung nach Monaten mit dem 60-r Cyklus derartig verquicken, wie es nach der bisherigen Auffassung (9ter Monat, 37 Tag) geschah? Ich würde übrigens auch glauben, dass aj Monat im Genitiv steht.

2) Denn die in den Bulgarischen Fürstenlisten (Kunik und v. Rosen, Beilage zum XXXII. Tom. der Mem. Ac. Wiss. St. Petersb., No. 2, 1878, pp. 126—46) vorkommenden Formen, auf die Radloff, N. F. p. 68 hinweist, können auch nach meiner oben dargelegten Auffassung übersetzt werden, wenn sie überhaupt Zahlen enthalten, was m. E. keineswegs ausgemacht ist.

Die Chronologie der alttürkischen Inschriften[1]).

Die Chronologie der alttürkischen Inschriften, vor allem der beiden Denkmäler von Koscho Tsaidam ist bisher noch keineswegs in befriedigender Weise behandelt worden, und seitdem der geniale Entzifferer der alttürkischen Schrift, der auch für das historische Verständnis dieser Inschriften bisher am meisten geleistet hat, sich zu unserem grössten Bedauern, wie es scheint, von der Erklärung dieser Denkmäler zurückgezogen hat, steht zu befürchten, dass diese Seite der Inschriften nicht mehr gebührend zu ihrem Rechte kommen werde.

Die Schuld an den bisherigen Unklarheiten trägt wohl die etwas komplizierte Abfassung der Inschriften, die ja auch bei der Inschrift von Behistûn die Erkenntnis des Richtigen lange verhindert hat. Und doch ist die wirkliche Reihenfolge der Begebenheiten mit verhältnismässig leichter Mühe herzustellen, wenn man sich nur an die klare Disposition hält, die der Verfasser selbst seiner Darstellung zu Grunde gelegt hat. Die beiden grossen Inschriften zerfallen schon rein äusserlich in drei genau von einander geschiedene Teile:

I) einen allgemeinen einleitenden Teil, enthaltend einen Ueberblick über die Geschichte des türkischen Reiches von dessen Gründung bis mitten in die Regierung des Bilgä Chagan;

II) einen speziellen Teil, enthaltend eine detaillierte Geschichte der Thaten des Kültägin und Bilgä Chagan vom Beginne ihrer politischen Laufbahn bis zu ihrem Tode;

III) einen Epilog, die Verdienste des Bilgä Chagan um sein Volk.

---

1) Nach dem Eintreffen vorstehenden Vorworts gemachte Zusätze sind in [ ] gesetzt.

I) Allgemeiner Teil.

A) Gründung und Verfall des ersten Türkenreiches.

§ 1 behandelt die Geschichte des alttürkischen Reiches von seiner Gründung durch Bumyn qaγan und Äšitmi qaγan d. i. Tumen und den mit ihm verschmolzenen Mo-kan-k'an (*Baγan-qaγan) und Tumens Bruder Še-tie-mi bis zur Auflösung und Unterwerfung unter die Chinesen 630 n. Chr. (I E 1—7 = II E 2—7).

§ 2 schildert die Zeit der chinesischen Herrschaft und die Versuche der Türken, sich vom chinesischen Joche zu befreien (I E 7—10 = II E 7—9).

B) Gründung und Geschichte des neuen Türkenreiches.

a) Die Periode des Ältäräs Chagan:

§ 3 enthält eine kurze Schilderung der Wiederherstellung des Türkenreiches unter dem Ältäräs qaγan (Qutluγ qaγan), dem Vater des Bilgä Chagan (I E 10—16 = II E 10—13).

b) Die Periode des Me-č'ue:

§ 4 ist ein kurzes Resumé der Regierung des Me-č'ue, des Oheims des Bilgä Chagan (I E 16—25 = II E 14—20). Unter ihm beginnt die Laufbahn des Bilgä Chagan (und des Kültägin): mit 24 Jahren wird er Schad der Tardusch [doch s. unten S. 13]. Aus den Kriegszügen, die er mit seinem Oheim zusammen ausgeführt, hebt er nur die wichtigsten hervor, den gegen die Türgäsch im Westen (I E 18—19 = II E 16), deren Chagan dabei umkommt, und den gegen die Kirgizen, deren Chagan Bars-bäg ebenfalls fällt und beim Grabmal des Me-č'ue als Balbal aufgestellt wird (I E 25 = II E 20). Am Schlusse wird angedeutet, dass an dem Tode des Me-č'ue der Abfall und die Unbotmässigkeit der Toquz Oγuz die Schuld tragen.

c) Die Periode des Bilgä Chagan und Kültägin:

§ 5 fasst die Thaten unter der eigenen Regierung des Bilgä Chagan kurz zusammen (I E 25—30 = II E 20—24). Dazu gehören vor allem die **Kämpfe gegen die Oγuz die Qytai und Tataby und gegen die Chinesen.**

II) Spezieller Teil.

Nun beginnt die Ausführung im einzelnen, und zwar greift die Erzählung zurück auf die Regierungszeit des Oheims des Bilgä Chagan. Die Erzählung setzt ein mit dem 27. Lebensjahre des Bilgä Chagan, dem 26. des Kültägin, und es scheint, dass sie zunächst chronologisch fortschreitet. Allein BANG hat jüngst[1]) scharfsinnig erkannt, dass der Beginn des Krieges gegen die Qarluq (I N 1 = K b 1) nicht ins 37., sondern ins 27. Jahr des Kültägin gehört, während die Schlacht gegen dieselben bei der geweihten Quelle des Tamaɣ richtig ins 30. Jahr des Kültägin, das 31. des Bilgä Chagan gesetzt wird (1 N 2. II E 28—29). Nur hat er versäumt, die nötigen Konsequenzen aus dieser Erkenntnis zu ziehen.

Bereits THOMSEN (Inscriptions de l'Orkhon déchiffrées p. 155 n. 39) scheint es Bedenken erregt zu haben, dass die Schlacht gegen die Chinesen unter Čača-sünki[2]), nach unsern Inschriften im 32. Jahre des Bilgä Chagan, im 31. des Kültägin d. i. im Jahre 716 stattgefunden haben soll, während die chinesischen Quellen 'ne semblent pas parler de lui à l'occasion des combats livrés contre les Turcs après 707'. In der That wird in der Biographie des Čang-žin-juen ausdrücklich erwähnt, dass Ša-č'a-i-čong im dritten Jahre der Periode Šin-long (706/7) nach einer durch die Türken erlittenen Niederlage durch Žin-juen ersetzt wurde[3]). Es ist in den Inschriften offenbar die Niederlage gemeint, welche Ša-č'a-čong-i, der Generalverwalter des Armeekorps von Ling-wu, durch Me-č'ue bei der Festung Ming-ša erlitt, wobei er nahezu 10000 Mann verlor. Diese Niederlage fand bald nach dem Regierungsantritt des Kaisers Čong-tsong im Jahre 706 statt[4]). Nach II E 26 wäre das chinesische Heer 80000 Mann stark gewesen. Wir haben also I E 32 = II E 25 für äki otuz (32) bezw. bir otuz (31) zu lesen äki jügirmi (22) bezw. bir jägirmi (21).

Dasselbe gilt nun auch für die Kämpfe gegen die Kirgizen und die Türgäš (I E 34—40. II E 26—28), welche beide ins 37. Jahr des Bilgä Chagan, ins 36. des Kültägin (720/21)[5]) ge-

---

1) WZKM. XII, 1898, S. 39 f.
2) So I E 32; II E 26 Čača-sängün, chin. Ša-č'a-čong-i Journ. as. 1864, 2 p. 415. 420. 424. 426. 427.
3) Journ. as. 1864, 2, 427.
4) Journ. as. l. l. 424. 426.
5) Die Zahl ist im Texte zerstört.

setzt werden. Die Chagane beider Völker werden im Kampfe getötet. Man hätte nun die Thatsache, dass ums Jahr 721 kein Chagan der Westtürken gestorben ist, und der damals regierende Chagan der Türgäš, So-lu, noch bis ins Jahr 738 geherrscht hat, nicht so leicht nehmen dürfen wie dies Thomsen p. 158 n. 45 thut. § 4 der Inschrift zeigt aber deutlich und unzweideutig, dass die Kriege gegen die Türgäš und den Kirgizenchagan Bars-bäg noch in die Regierung des Me-č'ue gehören. I E 34—38. II E 26—28 sind nur nähere Ausführung von I E 17—21 II E 15—17. Diese Ereignisse fallen also ins 27. Jahr des Bilgü Chagan, ins 26. des Kültägin = 710/1 n. Chr. Dazu stimmt, dass nach chinesischen Nachrichten Me-č'ue in der Periode King-jün (710—711) den Chagan der Westtürken, So-ho, niederwarf[1]). Dieser hatte das Reich mit seinem jüngern Bruder Če-nu geteilt, der sich aber aus Eifersucht gegen seinen Bruder dem Me-č'ue ergab und ihn zum Kriege gegen So-ko anstachelte. So-ko hatte sich durch seine Grausamkeit und Tyrannei verhasst gemacht, so dass seine 10 Horden sich gegen ihn empörten. Es waren nach links (gegen Osten) die fünf Tuluk-Horden, nach rechts (gegen Westen) die fünf Nu-ši-pit-Horden, die unter fünf Ssekin standen[2]). So-ko wurde von Me-č'ue gefangen genommen und nachher samt seinem Bruder hingerichtet. Die drei Qarluqhorden[3]), die Ku-wo und die Čuni-ši baten den Kaiser um die Erlaubnis, sich ihm unterwerfen zu dürfen. Die Inschriften erzählen, dass der Bilgü Chagan und Kültägin nach Übersteigung des goldenen Bergwaldes d. i. des Grossen Altai und Überschreitung des Irtyš bei Bolču auf die Türgäš stiessen. Der Chagan rühmt sich, den Chagan der

---

1) Journ. as. l. l. 455 vgl. 428. Auch Parker, A thousand years of the Tartars p. 218 verlegt den Zug gegen die Türgäš richtig ins Jahr 711. Die Uebersetzung von Stan. Julien, Journ. as. p. 455 ist völlig sinnlos. Aus dem Chagan So-ho macht er ein Volk, auch den Titel Sse-kin, den die Anführer der fünf Nu-ši-pit-Horden führten, hat er nicht erkannt. — So-ko bedeutete auf türkisch 'Haar'; daher der Ausdruck soko-tudun 'a sort of provincial governor' Parker, A thousand years of the Tartars 181.

2) Vgl. G. Schlegel, Die chinesische Inschrift auf dem uigurischen Denkmal von Kara-Balgassun S. 111 f. (im Folgenden zitiert als Kara-Balgassun).

3) Vgl. G. Schlegel a. a. O. S. 28.

Türgäš samt seinem Jabgu (das war wohl sein Bruder) und seinem Šad getötet zu haben. Um dieselbe Zeit unterwarf Me-č'ue auch die Kʻitan (Qytai) und die Hi, d. i. nach THOMSEN p. 141 n. 8 wahrscheinlich die Tataby¹). An den Feldzug gegen die Türgäš schloss sich ein Zug zu den Soγdyq²) an (I E 39), um dieses Volk 'in Ordnung zu bringen'. Die Soγdyq sind die Sogdier, im einheimischen Dialekte Soγdīk, pahl. Sūlīk; I E 31. II E 24—25 findet sich dafür der Ausdruck alty čub Soγdyq d. h. die Soγdyq der sechs Čub³), die sechs Čub aber sind die sechs Čau-wu-Dynastien bezw. -Staaten des eigentlichen Sogdiana⁴). Um dahin zu gelangen musste man den Perlenfluss (Jinčü Ügüz) d. i. den Sir-darjā überschreiten, der die Grenze zwischen den Soγdyq (Sogdiern) und den Westtürken bildete⁵). Die Grenze der

1) Vgl. über diese SCHLEGEL, Kara Balgassun S. 54.
2) So, nicht Soγdaq, zu lesen (BANG).
3) So ist zu übersetzen (BANG).
4) S. den Exkurs „Sogdiana" unten.
5) Vgl. meinen Aufsatz 'Historisch-arabistische Glossen zu den alttürkischen Inschriften' in der WZKM. XII. Der Sir-darjā wird im Bundahišn c. 20, 20 bei WEST, Pahlavi Texts I 80 Xwaǧand-rōt genannt und es heisst von ihm, dass er mitten durch Samarkand und Pargāna fliesse und auch Asārd genannt werde, worin WEST mit Recht eine falsche Pāzandschreibung einer Pahlawiform Jaxšārt erkannt hat. Den Namen بَخْشرت kennt auch Bērūni, Canon Masudicus bei SPRENGER, Post- und Reiserouten S. 32 (wo جشرت), wie schon TOMASCHEK, Kritik der ältesten Nachrichten über den skythischen Norden II 50 (SBWA 127, 1) erkannt hat. Derselbe Name ist bei Ibn Chordādhbih ١٧٨, 2 herzustellen, wo es heisst: وحدث بعض من أنى به لزم بلدان انتجارة ان ميانها وراء جيحون نهر بلخ وانهارا عظماء مثل جيحون .. شرت وهو نهر يسمى كنكر عند اول انج مملكة شاش. Zu den Worten مثل جيحون bemerkt der Herausgeber: fere deleta. Es ist ohne Zweifel zu lesen مثل سيحون هو يَخْشَرْت „wie der Saihūn d. i. der Jaxartes, der beim Beginn des Reiches Čāč Kankar genannt wird". In DE GOEJE'S Uebersetzung p. 138 sind die entscheidenden Worte ausgefallen. Wie

Soγdyq gegen das Königreich Tochāristān bildete das Eiserne

mir jüngst Professor HIRTH mitteilte, war nach chinesischer Angabe der ursprüngliche Name des Jaxartes yök-ša, was „Perle" bedeute. Dann kann aber der vollständige Name 'Ιαξάρτης = *jaxšārta, *jaxša-arta nur „wahre, echte Perle" bedeuten = chines. Čin-ču-ho „Fluss der echten Perle" (SCHLEGEL, Kara Balgassun S. 104 N. 1), ein Name, der in der That bei den Chinesen auch für den Jaxartes gebraucht wird (s. meinen oben zitierten Aufsatz). Der türkische Name Jinčü-ügüz ist folglich eine Uebersetzung. HIRTH hat auch den andern Namen des Jaxartes bei den Chinesen in der Form Kan-k'it wiedergefunden, worauf ich ihm unmittelbar mitteilte, dass derselbe sich auch bei Ibn Chordādhbih finde. In dem Gesandtschaftsberichte des Zemarchos a. 568 (Menander Prot. fr. 21 bei C. MÜLLER, FHG. IV 229u) führt der Jaxartes den Namen 'Ωήχ. Da die Gesandtschaft den gegen die Perser ziehenden Chagan Dizabulos in Τάλας (Tarāz) verlässt, um sich mit den schon früher entlassenen Romäern in der Hauptstadt der Χολιάται d. i. der خَلِج Xalač Qalač (Abū'l ghāzī ed. DESMAISONS I 22. II 21 s. So schon DEGUIGNES II 9, von VÁMBÉRY, Das Türkenvolk S. 14 N. 1 mit Unrecht bestritten. Vgl. Ibn Chord. ۸۲, 11. ۳۱, 10) wieder zu vereinigen (fr. 20 Ende), und darauf den Fluss 'Ωήχ überschreitet und nach einem nicht unbeträchtlichen Marsche den Aralsee erreicht, so kann kein anderer Fluss gemeint sein. Der Name 'Ωήχ ist wohl = türk. Öjük.

Der Zarafšān, mit welchem THOMSEN p. 159 n. 49 den Jinčü ügüz identifiziert, heisst bei den Chinesen Na-mi (alte Aussprache *Na-mit, *Na-mik) d. i. nāmik. Vgl. TOMASCHEK, Sogdiana S. 18 f. (SBWA. Bd. 87, 82 f.). KLAPROTH, Magazin asiatique I p. 121. Im Bundahišn c. 20, 8—9 bei WEST, Pahlavi Texts I 77 (JUSTI, Der Bundehesh S. 51, 5—11 = 28 der Uebs.) heisst es nun: „The Arag [l. Arang] river is that of which it is said that it comes out from Alburz in the land of Sūrāk [l. Sūlīk], (in) which they call it also the Āmi," etc. Der Arang, eine Umschreibung der mythischen aw. Raṅha, wird hier nach Sūrāk verlegt, wofür zu lesen ist Sūlīk, die Pahlawiform für das einheimische Soγd, arab. السُّغْد, الصُّغْد 'Sogdiana'. Ist also der Arang nach der Anschauung des Bundahišn unzweideutig in Sogdiana zu suchen, so kann damit unmöglich der Āmū darjā gemeint sein, wie die herkömmliche Meinung ist. Letzterer führt ausserdem nicht den Namen Āme, sondern „Fluss von Āmū (آموي) bei Dīnawarī, آموا Ma'sūdī, Tanbih ۱۰, 2, آموى Ibn Ḥauqal ۴۹, 2, eine Mouillierung von آمل Āmul), ein Name der aber erst spät auftritt: bei den arabischen Geographen heisst der Oxus جَيْحُون oder Fluss von Balch, überdies

Tor (Tämir qapyγ, pers. Dar-i āhanīn)¹). Ueber diesen Zug sind die Inschriften sehr schweigsam: sie wissen nur zu berichten, dass die Türken bis zum Tämir qapyγ zogen und die Soγdyq besiegten. Näheres über die Verhältnisse in Soγd erfahren wir jedoch durch Ṭabarī. Nachdem Qotaiba b. Muslim im Jahre 90 H. (708/9) Nūmiǧkat, die Hauptstadt von Buchara, erobert hatte, schloss der König von Soγd (Kʿang) oder Samarkand Tarchūn (طرخون, chin. To-hoen) Frieden mit Qotaiba²). Nach der Niederwerfung des Aufstandes des Tarchān Nēzak in Tochāristān a. 91 H. unternahm Qotaiba einen Zug gegen Sūmān, Kišš und Nachšab. Der König von Sūmān, Kai Bištaspān قَبِيْشَتْسِبا oder Guštaspān غُشْتَسْبا³) wurde getötet, worauf sich der König Tarchūn von Soγd zur Tributzahlung verstand und Geiseln stellte. In Buchara setzte Qotaiba einen kleinen Knaben, den طوقشاذه oder طغشاده zum Buchārāchudhāh ein⁴). Im folgenden Jahre war Qotaiba in Sagistān beschäftigt. Mittlerweile hatten die Sogdier, über die Schwäche ihres Königs Tarchūn erbittert, diesen abgesetzt

---

zeigen mehrere Stellen, dass das Bundahišn den Oxus Wehrōt nennt: 20, 22. 28 münden die Flüsse von Balch (jetzt Dehās), der im Aparsēngebirge, (dem Paropanisos) von Bāmikān entspringt, und der von Tirmidh in den Wehrōt. Der Āmī muss also notwendig der Fluss von Soghd d. i. der Zarafšān sein, der ja sonst in dem Verzeichnis gar nicht genannt und dessen Fehlen doch höchst auffällig wäre. Āmī muss also eine falsche Pāzandform sein für pahl. Nāmik.

1) S. meinen S. 5, Anm. 5 zitierten Aufsatz WZKM. XII. — BARTHOLD, Die historische Bedeutung der alttürkischen Inschriften S. 3 f. (Anhang zu RADLOFF, Die alttürkischen Inschriften der Mongolei. Neue Folge. Petersburg 1897) will freilich unter dem Eisernen Tore hier den Pass Talki verstehen, der aus der Mongolei ins Ili-Tal führt. Diese Ansicht steht und fällt aber mit seinen Aufstellungen über die Soγdyq, worüber unten S. 9 N. 1.

2) Tab. II ١٢٠٤.

3) Tab. II ١١٨٠., 8. ١٢٢٧, 16 (so zu lesen).

4) Tab. II ١٢٢٣., 15, vgl. II ١٩٩٢, 7. ١٩٩٢f, 7. Naršaxī bei SCHEFER, Description historique et topographique de Boukhara ٥٩ f. ٧, 12. ٣٩, 8. ٣٧, 17.

und den Ghūrak (غورك, chin. U-le-kia) erhoben¹). Mit dem Frühling des Jahres 93 H. (läuft vom 18. Oktober 711 bis 6. Oktober 712) d. i. 712 n. Chr. beabsichtigte Qotaiba gegen Soγd zu ziehen, folgte dann aber zuerst der Bitte des Chwārizmšāh, ihn gegen seinen übermächtigen Bruder Churrazād und den König von Chāmgird zu unterstützen. Nachdem Qotaiba diese beiden²) niedergeworfen und mit dem Chwārizmšāh eine neue Kapitulation abgeschlossen hatte, zog er sofort weiter gegen Soγd und belagerte Samarkand³). Ghūrak schrieb nun an den König von Čāč (Taschkend) und den Ichšēδ von Farγāna, sowie an den Chāqān um Hilfe. Dieser sandte eine auserlesene Truppe der tapfersten und vornehmsten Helden und Fürstensöhne unter dem Befehle eines Sohnes des Chāqāns ab⁴), um das Lager des Qotaiba zu überfallen und Samarkand zu entsetzen, allein das Corps soll völlig aufgerieben worden sein und Samarkand musste kapitulieren⁵). Nach einer andern Version dagegen⁶) wäre Ghūrak den Arabern mit einem grossen Heere von Türken, Leuten aus Čāč und Farγāna bis Arbinǧan in Buchārā entgegengezogen, hätte sich aber unter fortwährenden Gefechten, in denen die Muslime Sieger blieben, zurückziehen müssen bis in die Nähe von Samarkand, wo eine grosse Feldschlacht stattfand, in welcher die Sogdier und ihre Verbündeten aufs Haupt geschlagen wurden. So musste denn Samarkand zuletzt kapitulieren.

Dass in den Inschriften und bei Tabarī von denselben Ereignissen die Rede ist, ist unverkennbar. Der Sohn des Chāqāns, der das Entsatzheer befehligt, ist wohl Kültügin, der Neffe des Me-č'ue. Da es um diese Zeit keinen Chagan der

---

1) Tab. II ۱۲۳۹, 14 ff.

2) Wenn sie nicht identisch sind und die Verschiedenheit des Ausdrucks einfach den verschiedenen Quellen entstammt, die Tabarī hier verarbeitet hat (II ۱۲۳۷, 2).

3) Tab. II ۱۲۳۹, 10 ff.

4) Tab. II ۱۲۴۷, 12.

5) Tab. II ۱۲۴۲, 15 ff. ۱۲۴۷, 6 ff.

6) Tab. II ۱۲۴۹, 14 ff.

Westtürken mehr gab, ist jede andere Deutung ausgeschlossen[1]). Freilich versäumt es der Bilgä Chagan begreiflicherweise uns zu berichten, dass die Expedition zu den Soγdyq mit einem völligen Misserfolg geendet hatte. [Aus dem arabischen Berichte ergibt sich zugleich das genauere Datum dieser Hilfsexpedition: sie muss im Frühling des Jahres 93 H. d. i. 712 stattgefunden haben, kann daher nicht mehr, wie die vorhergehenden Ereignisse, ins 26. Jahr des Kültägin, das 27. des Bilgä Chagan = 710/1 fallen. Vielmehr ist am Schlusse von I E 38 zu ergänzen Kültägin säkiz otuz jašyṅa 'in Kültägins 28. Jahre' = 712 n. Chr. Dieser Zug ist also nicht, wie ich ursprünglich glaubte, identisch mit dem gegen die Soγdyq der sechs Čub, der I E 31. II E 24—25 erzählt und ins 28. Jahr des Bilgä Chagan, ins 26. des Kültägin verlegt wird. S. übrigens unten S. 14 f.].

Unterdessen hatten sich die Qara-Türgäš zu den Küngüräs zurückgezogen. Die völlige Unterwerfung derselben wird dem Kültägin aufgetragen, der noch einen heftigen Kampf mit ihnen zu bestehen hatte (I E 39—1 N 1). Dieser ist gleichfalls noch ins Jahr 712 zu setzen. Im Jahre 94 H. (6. Okt. 712 bis 25. Sept. 713) rückte Qotaiba schon gegen Farγāna und Čač. Die Einwohner von Buchara, Kišš, Nachšab und Chwārizm mussten ihm 20000 Krieger stellen, die er gegen Čač sandte, während er selbst sich gegen Farγāna wandte und bis nach Chuǵanda und Kāšān, der Hauptstadt von Farγāna gelangte. Hier trafen die nach Čač gesandten Truppen wieder bei ihm ein, nachdem sie es erobert und grösstenteils verbrannt hatten (Tab. II ١٢٠٤, 6—١٢٠٧, 18).

Unter den Qara Türgäš haben wir wohl, wie THOMSEN[2]) richtig erkannt hat, die schwarze Partei zu erkennen,

---

1) Wie BARTHOLD, Die historische Bedeutung der alttürkischen Inschriften S. 3 f. angesichts dieser Thatsachen die Beziehung der Soγdyq auf das bekannte Sogdiana leugnen und sich ein sonst gänzlich unbekanntes Sogd im Lande der Toγuzγuz konstruieren kann, ist mir um so unverständlicher, da er den Tabari ja selbst zitiert. Ich fürchte aber, sein Studium des Tabari reicht nicht über DE GOEJE's lateinische Inhaltsangabe Ser. II vol. II p. XVIII hinaus.

2) Inscriptions de l'Orkhon p. 150 n. 48.

eine der beiden Parteien, die sich nach den chinesischen Nachrichten gegen Ende der Regierung des Chagans Solu um den Einfluss an dessen Hofe stritten. Die schwarze Partei hielt zu So-lu, die gelbe Partei aber hatte zu ihrem Führer einen Sprössling des früheren Chagans So-ko¹). Wahrscheinlich war also die schwarze Partei diejenige, welcher dann der Chagan So-lu seine Erhebung (a. 716) verdankte. Die Küngäräs möchte ich mit den Κάγγαρ oder Κάγκαρ des Konstantinos Porphyrogennetos identifizieren. Dies war ein Ehrenname der drei vornehmsten Pečenegenhorden (θέματα), ὡς ἀνδρειότεροι καὶ εὐγενέστεροι τῶν λοιπῶν· τοῦτο γὰρ δηλοῖ ἡ τοῦ Κάγγαρ προσηγορία²). Diese drei Horden hiessen nach ihren Häuptlingen Jabdi-Irtim, Kuarči-Čur und Chabukčin-Jyla³).

Kangar كنكر war aber auch ein Name des Jaxartes vom Reiche Čač (Taschkend) an abwärts⁴). Ich vermute deshalb, dass der Name der Kangar-Pečenegen und der Küngäräs mit jenem Namen des Jaxartes zusammenhängt, und die Kangar im 8. Jahrhundert noch am unteren Jaxartes und am Aralsee sassen. Später waren ihre Sitze zwischen Ätil (Wolga) und Jaik (Γεήχ, Ural), in der Nachbarschaft der Magyaren (Μάζαροι, arab. المجغرية) und Oγuzen (Οὔζ, arab. الغزية), und ums Jahr 894 wurden sie von den Oγuzen im Einverständnis mit den Chazaren geschlagen und gezwungen, sich westlich von der Wolga in dem bisher von den Magyaren innegehabten Gebiete zwischen Wolga und Kuzu neue Sitze zu erobern⁵). Nach Mas'ūdī hatten sie vor ihrer Vertreibung viele

---

1) DEGUIGNES I 626.
2) Konstantin. Porphyrog. de administr. imp. c. 37 p. 167, 16—20. 169, 1—7 ed. Bonn.
3) p. 167, 17 Ἰαβδιηρτί, Κουαρτζιτζοὺρ, Χαβουξιγγυλά; p. 165, 23. 166, 8—9 Ἰαβδιερτίμ, τοῦ κάτω Γύλα (?), Κουαρτζιτζοὺρ; p. 165, 1. 6 Ἡρτήμ, Τζούρ, Γύλα.
4) S. oben S. 5 Anm. 5. Die Kombination der Küngäräs mit dem Namen Kangar des Jaxartes hat mir auch HIRTH unabhängig vorgeschlagen.
5) Konstantin. Porphyrog. l. l. p. 164, vgl. MAS'UDĪ, Kitāb attanbīh ١٨٢, 16 ff. Ibn Rusta ١٣٩, 5. ١٢., 5. 20. ١٢٣, 7. Bekri bei KUNIK und ROSEN, Izvěstija al-Bekri i drugich avtor o Rusi i Slavjanach. Čast 1, p. 42 f.

Kämpfe gegen die Ghuzen, Charluch und Kaimāk am Aralsee (بحيرة الجرجانيّة See von Gurgānīja oder Gurgānǧ) zu bestehen, und es steht also, so viel ich sehe, der Annahme nichts im Wege, dass einige Pečenegenhorden noch in der ersten Hälfte des 9. Jahrhunderts bis zum Jaxartes reichten[1]).

Das älteste datierte Ereignis wäre die Unterwerfung des Ydyqut der Basmyl, der die Tributzahlung eingestellt hatte, wenn die Angabe der Inschrift richtig ist, wornach dieselbe im 20. Jahre des Bilgä Chagan = 704 stattfand (II E 25). In der Inschrift ist keine Lücke, die Ergänzung zu toquz jügirmi (29, Thomsen p. 123 n. 3) also zunächst rein willkürlich und von der stillschweigenden Voraussetzung eingegeben, dass die Erzählung streng chronologisch fortschreite.

Allein es frägt sich zunächst, ob die hier berichtete Unterwerfung der Basmyl mit dem Vorhergehenden (dem Einfall und der Vernichtung der Chinesen unter Ong-tutuq) oder mit dem Folgenden (der Niederlage des Čača-sängün im Jahre 706) in näherem chronologischem Zusammenhange steht. Die Vernichtung des Heeres des Ong-tutuq ist in beiden Inschriften (I E und II E) undatiert. Die Datierung dieses Ereignisses hängt daher vollständig von der Identifizierung des Ong-tutuq ab, und es liegt von vornherein am nächsten, Ong als Eigennamen = chines. Wang und tutuq als Titel = chin. tu-to (Generalgouverneur) zu fassen, wie dies auch Thomsen p. 154 n. 38 und p. 197 und Bang, WZKM. XII 37 gethan haben. Dann ist aber Parker's Vorschlag[2]) von vornherein unannehmbar, in Ongtutuq den chinesischen General Wang-tsün zu sehen, der im Jahre 720 seine Truppen am Flusse Ki-lo versammelte, dann den Basmyl, Hi und K'itan (Qytai und Tataby) befahl, auf verschiedenen Wegen das Lager des Me-kilien zu überfallen und sich seiner Person zu bemächtigen. Die Basmyl wurden vom Chagan angegriffen und flohen nach Pe-

---

1) Einen Stamm Kenger finden wir noch heute in Transkaukasien, Köngör bei den Tekke, Kengerlu in den Kreisen von Gök řai und Kuba wie auch in der Provinz Teheran. S. Vámbéry, Das Türkenvolk 572. 576.

2) Bei Thomsen p. 197.

t'ing (Bäšbalyq, Urumtsi), wo sie sämtlich gefangen genommen wurden. In demselben Jahre wurden die Chinesen unter Juen-čing, einem Beamten des Generalkommandanten Jang King-šu von Liang-čóu völlig geschlagen ¹). Man sieht, dass hier von Wang-tsün nichts erzählt wird, was irgendwie mit den Angaben der Inschriften verglichen werden könnte. Ausserdem führte er nicht den Titel eines tu-tu. Dagegen scheint der General Siang-wang völlig zu entsprechen, der den Titel 'An-pe-ta-tu-tu 'grand commandant pour la pacification du nord' führte und von der Kaiserin Wu-ši (684—705) mit der Würde eines Obergenerals des Distrikts T'ien-p'ing betraut wurde. Er sollte den Oberbefehl über die Generäle Wu-jóu-i in Ping-čóu, Sie-no in Hia-čóu und Wei-juen-čong in Ling-wu übernehmen und die Türken angreifen, aber bevor er sich in Marsch gesetzt hatte, war Me-č'ue verschwunden. Im folgenden Jahre wiederholte dieser seine Raubzüge, und plünderte die Distrikte Jen-čóu und Hia-čóu, und Siang-wang ward zum Höchstkommandierenden des Armeekorps 'An-pe-tau-hing-kiün ernannt und sollte alle Generäle überwachen. Allein er soll sich völlig unthätig verhalten haben, während die Türken in die Distrikte Tai-čóu und Hin-čóu einfielen und eine grosse Menschenmenge von Čang-'an gewaltsam fortschleppten oder niedermetzelten. Im folgenden Jahre suchte Me-č'ue freundschaftliche Verbindungen mit China anzuknüpfen, indem er der Kaiserin anbot, dem kaiserlichen Prinzen (Čong-tsong) eine seiner Töchter zu vermählen ²).

Diese Ereignisse gehören in die Jahre 701—703.

Denn Wei-juen-čong wurde im Jahre 701 zum Generalverwalter des Distrikts Ling-wu ernannt, die Raubzüge nach Jen-čóu, Ping-čóu etc. aber fallen ins Jahr 702 ³). In letzteres Jahr wird also auch die Niederlage des Ong-tutuq (Siang-wang)

---

1) Journ. as. 1864, 2, 459—467. DEGUIGNES I 580.
2) Journ. as. l. l. 425 s.
3) Journ. as. l. l. 423. — STAN. JULIEN übersetzt p. 424 mit unglaublicher Gedankenlosigkeit: „Alors l'empereur donna à Wei-youen-tchong ... la charge d'administrateur général du corps d'armée de Thien-p'ing", während es p. 425 und 426 richtig heisst: „l'impératrice".

gehören, welche die Chinesen nicht zu erwähnen scheinen, d. h. ins 18. Jahr des Bilgä Chagan, das 17. des Kültügin. Es ist nunmehr klar, dass die Niederlage des Ongtutuq (a. 702 = 18. Jahr des B. Ch.), die Unterwerfung der Basmyl (20. Jahr des B. Ch. = 704) und die Vernichtung des Čača-sünki (32. r. 22. Jahr des B. Ch. = 706) eine fortlaufende chronologische Reihe bilden.

Ehe wir weiter gehen, müssen wir noch ein anderes Datum richtig stellen, das für den ununterbrochenen Verlauf der Begebenheiten von Wichtigkeit ist. Nach II E 14—15 war Mek-kik-lien beim Tode seines Vaters Tegin (Prinz) und wurde in seinem 24. Jahre (708) Schad der Tarduš. Es ist nun auffällig, dass er nach den Inschriften bereits vor seiner Erhebung zu dieser Würde eine militärische Rolle spielte. Die Unterwerfung der Basmyl, die in der Nähe von Pe-t'ing (Urumtsi) sassen, in seinem 20. Jahre (704) würde sich am besten verstehen, wenn er damals bereits Schad der Tarduš, der westlichen Hälfte des Türkenreiches war. Nun heisst es in der Spezialgeschichte der Türken, dass Me-č'ue, stolz über seinen Sieg, das Reich der Mitte verachtete und sich voll Hochmut zeigte. Sein Reich hatte nach Länge und Breite eine Ausdehnung von 10000 li, alle Barbaren waren ihm unterworfen. Er gab nun die Regierung des Ostens seinem Bruder Tusik-beg, und die des Westens Qutluys Sohne Me-kiü (Mügrän). Jeder von ihnen besass 20000 Soldaten. Sein Sohn Fo-kiü, der den Titel 'kleiner Chagan' führte, stand über beiden und gebot über 40000 Mann und erhielt den Namen T'o-si-k'an[1]).

Diese Ereignisse fallen vor das Jahr 701, in welchem Wei-juen-čong zum Generalverwalter des Armeekorps von Ling-wu ernannt wurde[2]), und schliessen sich unmittelbar an die Erzählung der Begebenheiten des Jahres 698 an[3]). So legt sich von selbst der Schluss nahe, dass auch II E 15 tört jägirmi (24) ein Fehler ist für tört on (14), und dass die Ernennung des Mägrän zum Schad der Tarduš in Ueberein-

---

1) Journ. as. l. l. 424.
2) ib. 425 vgl. 423.
3) ib. p. 419—423 vgl. p. 415—416.

stimmung mit den chinesischen Nachrichten ins Jahr 698 zu setzen ist. DEGUIGNES I 576 setzt sie ins Jahr 699. Daraus ergibt sich aber sofort eine weitere Konsequenz. II S 9 sagt der Chagan: „Ich war 29 Jahre Schad und 29 Jahre Chan". Das ergäbe nach der bisherigen Auffassung $23 + 29 + 29 = 81$ Lebensjahre des Bilgä Chagan! THOMSEN p. 130 setzt allerdings zu den 29 Jahren seiner Chaganwürde ein Ausrufungszeichen und nimmt einen Schreib- oder Rechenfehler für 19 an (p. 183 n. 108). Letzteres ist sachlich vollkommen richtig, da Mügrän im Jahre 716 Chagan geworden war und im Jahre 734 gestorben ist; allein auch die 29 Jahre der Schadwürde sind auf 19 zu reduzieren. Wenn er in seinem 14. (nicht 24.) Jahre Schad wurde, so war dies sein erstes Jahr als Schad, also $14 - 1 + 19 + 19 = 51$!

[BANGS geniale Erklärung der von uns nach historischen Gesichtspunkten richtig gestellten Daten ermöglicht es uns nun auch, einen Anstoss zu beseitigen, der bisher noch übrig geblieben war. Bezieht man den im Anfange des speziellen Teils der Inschriften I E 31 = II E 24—25 erwähnten Zug gegen die Soγdyq der 6 Čub, der ins 26. Jahr des Kültägin, das 28. des Bilgä Chagan verlegt wird, auf die Hilfsexpedition des Kültägin nach Samarkand im Frühling des Jahres 712, so lässt sich damit das Lebensalter des Kültägin und des Bilgä Chagan auf keine Weise in Uebereinstimmung bringen. Kültägin starb am 17. (nicht 27.) eines ungenannten Monats im Schafjahr, im Alter von 47 Jahren (I NE), d. h. er hatte das 47. Jahr mindestens angetreten. Der Monat ist unbezeichnet, aber da die Bestattungsfeierlichkeiten am 27. (nicht 37.) des 9. Monats stattfanden, und zwischen diesen und dem Todestage in der Regel ein Zwischenraum von 6 Monaten lag, so wird wohl der dritte Monat gemeint sein und der Steinmetz vor jäti jägirmikä aus Versehen üčinč ai ausgelassen haben (?). Beim Bilgä Chagan, der am 26. des 10. Monats des Hundejahres starb und am 27. des 5. Monats des Algazyn-Jahres[1]) die Totenfeier erhielt, betrug der Zwischenraum genau 7 Monate. Kültägin starb also etwa im April 731. Wenn

---

1) s. Anhang.

er aber um diese Zeit bereits sein 47. Lebensjahr angetreten hatte, so konnte im Frühling 712 unmöglich noch sein 26. Jahr laufen.

Allein in den Inschriften steht auch hier **alty jägirmi jašyńa** bezw. **säkiz jägirmi jašyma**, also 6 auf 20 = 16 und 8 auf 20 = 18! Der Zug gegen die Soγdyq der sechs Čub fand also schon im Jahre **701** statt, und in diesem konnten allerdings noch das Ende des Jahres 16 des Kültägin und der Beginn des Jahres 18 des Mägrän zusammenfallen. Diese Trennung der beiden Züge nach Soγdyq empfiehlt sich schon dadurch, dass es beim zweiten im Jahre 712 ganz in Uebereinstimmung mit der Geschichte nur heisst: „um das Soγdyqvolk in Ordnung zu bringen, zogen wir bis zum Tämir qapyγ" (I E 39). Bloss beim ersten Zuge ist von einem Siege über die Soγdyq die Rede. Dass übrigens dieser Zug gegen die Soγdyq an den Anfang der militärisch-politischen Laufbahn des Kültägin gehört, darauf weist auch der Wortlaut von I E 31 nach richtiger Uebersetzung hin[1]): „Als er (Kültägin) 16 Jahre alt war, that er dies für die Äle und Törü meines Oheims, des Chagans: wir zogen gegen die Soγdyq der sechs Čub und besiegten sie"[1]). Daran schliessen sich dann die übrigen Unternehmungen lückenlos an.

Bei den Chinesen scheint dieser Zug gegen die Soγdyq nicht erwähnt zu werden. Dagegen findet sich eine Spur desselben bei Tabarī. Dieser berichtet unter dem Jahre 82 H. (14. Februar 701 bis 3. Februar 702 n. Chr.) nach Madāïnī, dass der Emīr von Chorasan al Muhallab b. Abū Çufra vor Kišš in Soγd lag und die Einwohner bekämpfte, welche dabei von den Türken unterstützt wurden[2]). Zuletzt schloss er

---
1) Ich verdanke dieselbe BANG, der mir bemerkt, dass RADLOFFS Uebersetzung N. F. S. 138: 'als Kültägin 26 Jahre alt war, hatte mein Onkel seine Stammgemeinschaft und seine Regierungsgewalt so vermehrt, (dass) wir gegen die Alty-Tschub-Sogdak zogen' unmöglich ist, da dann jašyńa auf Kültägin, älin törüsin auf den Oheim gehen müssten. Bei R.'s Auffassung müsste es heissen Kültägiu alty jägirmi jasyńa oder ä. Wenn äčim qaγan Subjekt wäre, so müsste auch jasyńa davon abhängen: 'als mein Oheim, der Chagan, 16 Jahre alt war, hatte er u. s. w. — was aber unmöglich ist.

2) Tab. II ا.vл, 1, 6. ا.v٩, 8, 10. ا.٨., 16.

jedoch mit dem König von Kišš ein Abkommen, wornach dieser durch ein Lösegeld den Abzug der Araber erkaufen musste, und kehrte über Balch nach Merw zurück (Tab. II ١٠٧٨, 1 bis ١٠٨٢, 7).

Durch die Inschrift des Kültägin lernen wir nun, dass die hier nur nebenbei genannten Türken Osttürken waren, natürlich Leute des Schads der Tarduš Mägrän. Dies setzt voraus, dass die Westtürken und besonders die Türgäš damals den Osttürken unterworfen waren.

Jetzt stellt sich heraus, dass die Erzählung der beiden Inschriften thatsächlich episodenhaft gegliedert ist, innerhalb der einzelnen Episoden aber genau chronologisch fortschreitet] und wir können nunmehr die Komposition des zweiten Hauptteils wiedererkennen. Derselbe zerfällt — wenigstens in Monument II — wieder in zwei Hauptabschnitte:

A) die erste Hälfte der Laufbahn des Bilgä Chagan und Kültägin unter der Regierung des Me-č'ue;

§ 6a erzählt einen Zug des Bilgä Chagan gegen die Tangut in seinem 27. Jahre [r. 17. = 700/701] II E 24.

§ 6 wird der Zug des Bilgä Chagan und Kültägin gegen die Soγdyq der 6 Čub erzählt, der ins 28. Jahr des B. Ch., das 26. des Kültägin fiel [r. 18 und 16 = 701 n. Chr.] I E 31. II E 24—25.

§ 7a. Niederlage des Ong-tutuq bei der heiligen Quelle I E 31—32. II E 24—25 (im Jahre 702 = Jahr 18 des B. Ch., 17 des K. t.).

§ 7b. Zug des Bilgä Chagan gegen den Ydyqut der Basmyl in seinem 20. Jahre (704) II E 25.

§ 8. Niederlage des Čača-sünki durch Bilgä Chagan und Kültägin im 32. (r. 22.) Jahre des Bilgä Chagan, dem 31. (r. 21.) des Kültägin (706) I E 32—34. II E 25—26.

§ 8a. Niederlage des Uluγ Ärkin der Jär-Bajyrqu beim See Türgi Jaraγun I E 34 (a. 706?)

§ 9. Niederlage und Tod der Chagane der Kirgizen und der Türgäš I E 34—40. II E 26—28.

a) Abfall der Čik und der Kirgizen. Niederlage der Čik bei Örpän im 36. (r. 26.) Jahre des B. Ch. = 709/10 n. Chr. (II E 26).

b) Kampf gegen die Kirgizen im Bergwalde Kögmän und Niederlage der Türgäš bei Bolču im Jahre 37 (r. 27) des B. Ch., 36 (r. 26) des K. t. = 710/1 (I E 34—38. II E 26 bis 28).

c) Zug zu den Soγdyq und Kampf des Kültägin gegen die Qara-Türgüš, sowie gegen den Qošu-Tutuq (im Jahre 28 des K. t. = 712 n. Chr.) I E 38 bis I N 1.

§ 9bis Kampf um Bäš-balyq im 30. Jahre des B. Ch. = 714 n. Chr. (II E 28).

§ 10. Krieg gegen die Qarluq I N 1—4. II E 28—29.

a) Abfall der Qarluq im 37. (r. 27.) Jahre des Kültägin = 712 n. Chr. (I N 1).

b) Niederlage der Qarluq bei der geweihten Quelle des Tamaγ im 31. Jahre des B. Ch., dem 30. des K. t. (715 n. Chr.) I N 1—2. II E 28—29.

c) Niederlage der Qarluq beim Qara-köl im Jahre 41 (?) [1]) des Kültägin = 726 I N 2—3.

In beiden Schlachten reitet Kültägin seinen Schimmel Alp Šalči, der auch den Kampf gegen die Türgäš im Jahre 712 mitgemacht hatte (I E 40). Es ist also an und für sich sehr fraglich, ob die Zahl 41 hier richtig ist. Denn zu der Annahme, dass Kültägin zwei Streitrosse des Namens Alp Šalči besessen habe, eines in den Jahren 712 und 715 und ein zweites im Jahre 726, liegt kein Grund vor. Dazu kommt folgende historische Erwägung. Im Jahre 715, also in demselben, in welchem sie an der Quelle des Tamaγ durch die Türken eine Niederlage erlitten hatten, unterwarfen sich die 3 Horden der Qarluq den Chinesen [2]). Nun bildet aber die Geschichte der Türken im Tʻang-šu [3]) einen trefflichen Kommentar zu den Worten der Inschrift I N 3—4: „Als die Äle meines Onkels, des Chagans, betört waren, als unser Volk am Sterben und am Verfallen war, kämpften wir gegen das abziehende (treulose?) Volk, Kül Tägin griff auf seinem Schimmel Alp Šalči mit geordneten Haufen an. Dieses Pferd fiel damals; das abziehende (treulose) Volk starb" [4]). Es heisst im Tʻang-šu: „Me-tchʼoue

---
1) S. aber unten.
2) Journ. as. l. l. 454 f.
3) Journ. as. l. l. 456 f.
4) Ich folge der Uebersetzung Bangs WZKM. XII 53.

avait souvent attaqué les Ko-lo-lo et autres hordes.....
La puissance du Khan commença à s'affaiblir. Son gendre,
Kao-li-mo-li-tschi-kao-wen-kien, avec Sse-thai, commandant en
chef des Hie-thie [Ädiz], Mou-yong-tao-nou chef puissant des
Tou-kou-hoen, Ko-kio-kie-kin ¹), et Pi-si-kie-li¹), chefs puissants
des Yo-che-chi, et Kao-kong-i, grand chef des Coréens, réu-
nirent ensemble dix milles tentes et vinrent successivement à
la frontière pour faire leur soumission. L'empereur ordonna
par un décret de les interner au midi du fleuve Jaune" etc.
Unmittelbar daran schliesst sich die Züchtigung der 9 Horden
d. i. der Toquz Oγuz, wie in unseren Inschriften. Diese
Ereignisse fallen ins Jahr 716. Es macht keinen Unterschied,
ob man den Abschnitt I N 3—4 über das izgl budun (nach
Bang zu lesen iz ägil budun „das desertierende Volk")
auf die unmittelbar vorher genannten Qarluq oder mit Bang
WZKM. XII 43 f. proleptisch auf die im Folgenden eingehend
behandelten Toquz Oγuz bezieht²). Es kann also wohl kein
Zweifel sein, dass auch I N 2 bir qyrq (41) ein Fehler für
bir otuz (31) = 716 ist. Darnach ist auch die Lücke II E 29
offenbar durch otuz artuqy äki (32) auszufüllen³).

§ 11. Die Kämpfe gegen die Oγuz unter Me-č'ue I N 4—9.
II E 29—36. An die Kämpfe gegen die Qarluq schliessen sich
die wechselvollen Kämpfe gegen das Oγuzenvolk, die Toquz-
Oγuz an, denen der Verfasser eine ganz besondere Wichtigkeit beilegt. Für das Verständnis der ganzen Inschrift ist es

---

1) Kie-kin und Kie-li sind offenbar Titel, letzterer wohl = Kie-
li-fa.
2) [Prof. Donner hatte die Güte, die im Helsingforser Museum
befindlichen Originalphotographien zu dieser Stelle zu vergleichen und
schreibt mir: »An der originalen photographischen Platte sieht man
deutlich budn ilgikgi. Am oberen Rande des zweiten Wortes läuft
aber eine Spalte, welche den oberen Teil der Buchstaben zerstört hat.
Ich glaube aber einen äusserst kleinen Rest des Querschenkels entdecken
zu können, ungefähr wie ľ, wodurch Ihre Lesung Stütze findet, in
Uebereinstimmung mit demselben Worte in I N 9". Da auch die finnische Ausgabe bekanntlich so liest, so ist meine Lesung ölügi äkigi
wohl ganz sicher. — W. B.]
3) Bang, der diese Möglichkeit bereits ins Auge gefasst hat, (s.
WZKM. XII 40), hat dieselbe also mit Unrecht verworfen.

von hervorragender Bedeutung, diese Ereignisse zunächst zeitlich richtig einzureihen. „Da Himmel und Erde in Aufruhr waren, so wurden sie (die Toquz Oγuz) feindlich". Dies deutet zunächst darauf hin, dass die Empörung der Toquz Oγuz gegen Ende der Regierung des Me-č'ue ausbrach. Folgen wir nun vorläufig der Erzählung der Inschrift. In éinem Jahre wurde fünfmal (nach II E 30 viermal) gegen dieselben gekämpft:
1) Bei der Stadt Toγu in der Nähe der Toγla, wo Kültägin sechs Mann erstach (I N 4—5. II E 30).

2) Bei Urγu (dem heutigen Urga an der Tola)[1]) oder Kušlyγ Aq gegen die Ädiz[2]), eine der 15 Horden der Uiguren[3]), wo Kültägin zehn Mann tötete (I N 5—6. II E 30).

3) Bei Bol.... (I N 6).

4) Bei der Quelle des Čuš[4]), wo Kültägin die bereits besiegten Oγuz entkommen lassen musste, weil seine Truppen unzuverlässig wurden. Dagegen überfielen die Türken bei den Trauerfeierlichkeiten für Tonga Tägin einen Geschlechtsgenossen und zehn tributpflichtige Leute der Tongra, die gleichfalls eine der 15 alten Horden der Uiguren bildeten[3]) I N 6—7. II E 30—31.

5) Bei Äzgänti Qadaz gegen die Oγuz, wo das feindliche Heer geschlagen wurde (I N 7—8. II E 31).

Als die Türken in Maγy qurγan überwinterten, trat ein Viehsterben ein, was die Oγuz ermutigte, im folgenden Frühjahr im Vertrauen darauf, dass die Türken durch den grossen Verlust an Pferden leicht zu überwältigen sein würden, angriffsweise vorzugehen und drei Heerhaufen ins Feld zu stellen. Das eine Heer zog aus, um die Wohnsitze der Türken zu plündern und griff die Ordu an, die Kültägin jedoch mannhaft verteidigte, was ihm zu grossem Lobe angerechnet wird (I N

---

1) Wenn THOMSENS Lesung (p. 124) urγuda anstatt andarγuda richtig ist, und die heutige Stadt Urgu damals schon existierte. Vgl. THOMSENS Bemerkungen p. 180 n. 96 und SCHLEGEL, Die chines. Inschrift auf dem uigurischen Denkmal von Kara-Balgassun 89 f.
2) THOMSEN p. 160 n. 54. BANG, WZKM. XII 45.
3) SCHLEGEL a. a. O. S. 1.
4) Vielleicht der Fluss Ču-če, an welchem einer der 4 Söhne des I-či-ni-ssc-tu sich niederliess Journ. as. 1864, 1, 328.

8—10. II E 31—32). Unmittelbar darauf folgt in I E 10: „Mein Bruder Kül-tägiu verschied." Das zweite Heer der Oγuz griff den Chagan selbst an, wurde aber geschlagen und zerstreut (II E 32—33)[1]). Das Folgende ist leider sehr zerstört, so dass nicht auszumachen ist, was aus dem dritten Heerhaufen geworden ist. Die Wohnsitze der Oγuz werden nun zerstört, worauf die Toquz Oγuz sich mit den Otuz Tatar verbinden[2]); sie werden aber in zwei grossen Schlachten besiegt und unterworfen. Leider ist das Folgende wieder sehr dunkel, so unerlässlich es für den Zusammenhang ist. Thomsen p. 126, 181 n. 99 nimmt gewiss mit Recht an, dass II E 34 das 33. Jahr des Bilgü Chagan (otuz artuqy ü[č jašyma]) genannt war und unter dem Chagan, der sich vergangen hat, weshalb die Toquz Oγuz ihr Land verlassen, der Oheim des Bilgü Chagan zu verstehen ist, so dass diese Ereignisse ins letzte Jahr des Me-č'ue (716) fallen müssen[3]). Da der Bilgä Chagan im Jahre 734 stirbt, nachdem er noch sein 51. Jahr angetreten hatte (s. u.), so fällt der Beginn seines 33. Jahres thatsächlich ins Jahr 716, und da nach den chinesischen Angaben der Tod des Me-č'ue, welcher II E 34—35 unter dem 33. Jahre des B. Ch. angedeutet war, im 6. Monate stattfand, so folgt, dass das 33. Jahr des B. Ch. vor dem 6. chinesischen Monat des Jahres 716 begonnen hatte. Darauf verlassen die Toquz Oγuz ihr Land und begeben sich zu den Chinesen, und daran schliesst sich die Tronbesteigung des Bilgä Chagan (II E 35. 36).

---

1) Vgl. Bang, Zu den köktürkischen Inschriften. T'oung Pao t. 9 p. 22 ff. des Sonderabdruckes.

2) O(γ)uz budun Toquz Tatar II E 34 ist wohl ein Fehler für Toquz Oγuz budun Otuz Tatar.

3) Nach Deguignes II 12 f. und Parker, A thousand years of the Tartars 268 f. müssten um diese Zeit auch die Uigurenchagane Fu-ti-fu (Bokti beg nach Schlegel) und dessen Sohn Čing tsong gestorben sein, welch letzterer infolge von Zwistigkeiten mit dem Statthalter von Liang-čóu nach dem südlichen China verbannt wurde und dort starb. Sein Verwandter Hu-su tötete darauf den Statthalter und floh später zu den Türken, wo er starb. Schlegel, Kara-Balgassun S. 3 verlegt den Tod des Hu-su ins Jahr 712, nach Parker dagegen müsste derselbe nach dem Tode des Bilgä Chagan (734) stattgefunden haben.

Damit stimmen die chinesischen Berichte genau überein. In seinem letzten Regierungsjahre zog Me-č'ue aus, um die Häuptlinge der Neun Stämme zu züchtigen, und lieferte ihnen eine Schlacht im Norden der grossen Wüste (bö kli čöl)¹). Die Neun Horden wurden aufgerieben und giengen mit all ihrem Vieh zu Grunde. Die Horden der Uigur (Hoei-he), Ki-pi (Ki-pi-yü, Kibyi) Sse-kie (Sukit) und Hun giengen nach dem südlichen Teil der Wüste und liessen sich zwischen Kan-čóu und Liang-čóu im Westen von Šen-si nieder. Der Kaiser verlieh ihren Führern verschiedene Titel, und sie dienten in der chinesischen Armee. Nach den Neun Stämmen griff Me-č'ue auch die Bajyrqu an und vernichtete sie an der Togla, ward aber auf dem Rückzug von einigen Ueberbleibseln derselben überfallen und getötet. Darauf unterwarfen sich die fünf Horden der Bajyrqu, Uigur, Tongra, Sie (Sap) und Puk-kut (Bugu), die an der Tola und Selenga sassen, den Chinesen²).

Jetzt haben wir auch ein bestimmtes Datum für die ersten Kämpfe gegen die Oγuz. Die fünf Treffen, welche in éinem Jahre stattfanden, fallen in dasselbe Jahr wie die Totenfeier für Tonga Tägin. Dieser ist unzweifelhaft identisch mit dem Tegin T'ong-'o, der im Jahre 714 unter dem Oberbefehl des Ï-ni-Khan, eines Sohnes des Me-č'ue, mit andern Prinzen gegen Pe-t'ing (Bäš-balyq, Urumtsi) zog, aber vom Tu-hu Kwo-kien-kwan unter den Mauern der Stadt enthauptet wurde. Der Kaiser entsendet dann auf die Nachricht vom Tode des Jang-'o-či die Mitglieder der kaiserlichen Familie, die über der dritten Rangstufe standen, um dessen Verwandten sein Beileid zu bezeigen. Der verstorbene Tegin Jang-'o-či³) ist nach dem ganzen Zusammenhang offenbar identisch mit dem Tegin T'ong-'o.

Die Totenfeier fand jeweilig, wenn der Tod im Frühling erfolgt war, im Herbste statt und umgekehrt⁴). Da nun der Angriff gegen Pet'ing im zweiten Monat des J. 714 erfolgte, so wird die Totenfeier für den vor Pet'ing gefallenen Tonga-Tegin in den Herbst dieses Jahres fallen. Dann gehören die

---
1) BANG, T'oung Pao t. 9 p. 25.
2) Journ. as. 1864, 2, 457; s. DEGUIGNES I 578. II 12.
3) Journ. as. l. l. 453. 454; DEGUIGNES I 577.
4) THOMSEN p. 60.

5 ersten Kämpfe gegen die Oγuz ins Jahr 714, der Angriff auf die Ordu und die beiden Schlachten gegen die vereinigten Oγuz und Tatar bei Aγu ins Jahr 715, der Tod des Me-č'ue und der Uebertritt der Toquz Oγuz auf chinesisches Gebiet ins 33. Jahr des Bilgä Chagan, 716 n. Chr. Man hat bisher fast allgemein aus der Inschrift I N 10 herausgelesen, dass Kültägin in dem Kampfe, in welchem er die Ordu gegen die Oγuz verteidigte, gefallen sei. Dann wären diese Ereignisse in die Jahre 730 und 731 zu verlegen. Allein dann hätten ja die Prinzessinnen doch unbedingt in die Gewalt der Feinde fallen müssen, entgegen dem klaren Wortlaut der Inschrift. Sodann hat schon BARTHOLD S. 32 darauf hingewiesen, dass, wenn Kültägin im Kampfe gegen aufrührerische Stämme gefallen wäre, die Chinesen dies unbedingt berichten würden. Dass die Inschriften es verschweigen würden, liesse sich wohl denken, die Chinesen aber zeigen sich in all diesen Dingen stets so gut unterrichtet, dass es geradezu undenkbar ist, dass ihnen die Todesart Kültägins, zu dessen Totenfeier sie Abgesandte schickten[1]), verborgen geblieben wäre. Ich stimme deshalb vollständig der Ansicht BARTHOLDS bei, dass die Inschrift zu Ehren Kültägins mit der glänzendsten That des Helden, nicht mit seinem der Zeit nach letzten Kampfe schliesst. Merkwürdig ist es freilich, dass darnach keine einzige That Kültägins mehr aus der Zeit nach der Tronbesteigung des Bilgä Chagan berichtet wird. Vermutungen, die geeignet wären, diese auffallende Thatsache zu erklären, bleiben aber besser unausgesprochen.

B) Die eigene Regierung des Bilgä Chagan (nur Monument II).

§ 12. Regierungsantritt des Bilgä Chagan. Kämpfe gegen die Oγuz II E 36—38 (vgl. I E 28 = II E 23).

Als Me-ki-lien zum Bilgä Chagan erhoben war, suchte er vor allem die Oγuz wieder zu unterwerfen und zerstörte ihre Wohnsitze an der Selenga. Ein Ältäbär der eigentlichen Uiguren[2]) versuchte im Bergwald Ütükän[3]) eine Stammge-

---

1) Journ. as. l. l. 471.
2) Vgl. SCHLEGEL a. a. O.
3) Dieser Name ist wohl II E 37 zu ergänzen.

meinschaft zu gründen, leider ist der Text aber hier wieder lückenhaft. Aus chinesischen Quellen erfahren wir, dass durch den Einfluss des Tonjuquq, des Schwiegervaters des neuen Chagans, im Jahre 716 Sse-thai, der Führer der Ädiz (Hiethie), und andere Horden, die sich nach Süden gewandt und den Chinesen unterworfen hatten, wieder nach Norden zogen und sich dem Bilgä Chagan unterwarfen¹). Allein im Jahre 34 des B. Ch. (718) fliehen die Oγuz abermals nach China und werden vom Chane verfolgt II E 38. Näheres lässt sich bei dem Zustande des Textes nicht ausmachen.

Vergleicht man die beiden Inschriften mit den Nachrichten der Chinesen, so ist ganz unzweideutig, dass zu den Oγuz auch die Tongra, Bajyrqu, Hun, Sukit, Ädiz, Sap und die eigentlichen Uigur gerechnet werden. Letztere bildeten aber den politischen Mittelpunkt, die Neun Horden oder Neun Oguz (Toquz Oγuz). Die grosse Wichtigkeit, welche diesem Volke beigelegt wird, beruht offenbar darauf, dass dasselbe schon lange vor dem Aufkommen der Türk politisch organisiert war und eine Rolle gespielt hatte. Erst seit der Besiegung und Unterwerfung der Tʻie-le d. i. der Uiguren im J. 546 gewannen die Türken politische Bedeutung. In welchem ethnischen und politischen Verhältnis sie zu den alten Hiung-nu, als deren Nachkommen sie bezeichnet werden, gestanden haben, ist erst noch zu untersuchen. An dem Namen Oγuz hatten auch die 'Zehn Horden' oder die 'Zehn Pfeile' d. h. die sog. Westtürken²) Anteil, nicht aber die eigentlichen Türk, die im neutürkischen Reiche des Qutluγ qaγan nur aus den beiden Stämmen der Töläs und Tarduš bestanden. Der Siegelbewahrer des Türgüš-Chagans, des Herrschers der Westtürken führt den Titel 'der weise Siegelbewahrer des Volkes der Oγuz'³). Der Chagan der Westtürken führte den Titel 'Chagan der 10 Horden'⁴). Vermutlich nannten sich diese Zehn Horden

---
1) Journ. as. l. l. 459. 460. 462.
2) Vgl. G. Schlegel a. a. O. 111 f.
3) I N 13. Vgl. Barthold, Die historische Bedeutung der alttürkischen Inschriften 13 f.
4) So Assena-Tu-ši a. 677. Deguignes I 618, Hoai-tao, der Sohn des Ho-se-lu a. 704 eb. 620 f., dessen Sohn Hin a. 740 eb. S. 627, endlich Älätmiš-bilgä-Qaγan a. 744 eb. 628.

ebenso 'die zehn Oγuz' On-oγuz, wie die Neun Horden gewöhnlich die Neun Oγuz, Toquz Oγuz تغزغز hiessen. So erklärt sich wohl endlich die Sage von den beiden Abteilungen der Uiguren, On uiγur und Toquz uiγur bei Rašīd eddīn und Abūl Ghāzi[1]). Jetzt verstehen wir auch, woher auf einmal nach dem Untergange des westtürkischen Reiches (um 760) jene Ghuzen (arab. الْغُزّ (الْغُزّيَة)) kommen, die in der Folge die Geissel der Kulturgebiete im gesamten Umkreis des Kaspischen Meeres werden und zuletzt dem alten byzantinischen Kaiserreiche ein Ende machen sollten. Freilich berichtet Ibn al Athīr XI ١١٧ über den Ursprung der letzteren: „Diese Ghuzen waren von den Grenzen der Toγuzγuz in den Tagen al Mahdīs (775—785) nach Transoxiana übergesiedelt, hatten sich zum Islām bekehrt und al Moqannaʻ, dem Zauberkünstler, Hilfe geleistet, bis seine Sache verloren war; denn als die Truppen gegen ihn marschierten, liessen sie ihn im Stich, wie sie es in jedem Reiche zu thun pflegen, worin sie sich befinden. So machten sie es auch mit den Chaqānen, allein die Qarluq schlugen sie aufs Haupt und vertrieben sie aus ihren Wohnsitzen"[2]).

Hier sind zunächst mehrere Ungenauigkeiten zu berichtigen. HOUTSMA macht mit Recht geltend, dass die Bekehrung der Ghuzen zum Islām erst viel später und allmählich stattgefunden hat[3]); selbst während der Selǧukenperiode waren sie

---

1) Fudlu'llāh Rašid eddin, Geschichte der Mongolen ed. Bérézine L. I p. 269 (mir nicht zugänglich). Abū'l Ghāzi Bahādur Chān, Histoire des Mogols et des Tatars publiée, trad. et annotée par DESMAISONS I 39—40. II 39—40.

2) Vgl. TH. HOUTSMA, Die Ghuzenstämme WZKM. II 219 ff. Die Ghuzen werden bei Ibn Chordādbhih in der Steuerrolle des ʻAbdallah b. Tāhir a. 211 und 212 H. genannt p. ٣٧, 11. ٣٩, 7; ferner ٣١, 8 in einer Aufzählung der Türkenvölker neben Charluch, Kaimäk, Čäpär (جفر) oder جلب Čikir?), Pečenegen, Türgäš. Ädigäš (أَذْكَش) und Qypčaq. — Vgl. ferner über die Ghuzen CHARLES SCHEFER, Chrestomathie persane I 39. KLAPROTH, Tableaux historiques de l'Asie p. 121—122.

3) Vgl. Ibn Rusta ١٤٠, 20.

noch grossenteils Heiden. Dagegen hatte der Jabɣu (جَبْغُويِه) der Qarluq im Jahre 162 H. dem al Mahdī gehuldigt und den Islām angenommen, später aber unterstützte er den Rafi' b. al Laith, der sich im Jahre 189 H. in Samarkand gegen den Chalifen Hārūn al Rašīd empört hatte und erst im Jahre 194 H. niedergeworfen wurde[1]). Ṭabarī verlegt die Hilfe der Türken ins Jahr 193 H., (III ٧٧٥, 10), ohne dieselben aber genauer zu bezeichnen. Die Unterstützung des al Moqanna' durch die Türken wird auch von Ibn al Athīr VI ٢٦ und Bērūnī ٢١١ sowie von Naršachī bei Schefer, Description historique et topographique de Boukhara p. ٧٠, 7—11 berichtet. Bērūnī erzählt, al Moqanna' habe den Chāqān um Hilfe angerufen, unter welchem wohl der Jābɣu der Qarluq zu verstehen ist.

Die Qarluq waren es aber gerade, welche die fortwährenden inneren Kämpfe zwischen der schwarzen und der gelben Partei benützten, um dem Reiche der Westtürken ums Jahr 766 ein Ende zu machen, worauf das Oberhaupt der Qarluq sein Lager am Flusse Sui-ye (Čui), bei der alten Residenz der Türgäšchagane aufschlug. Die meisten der Horden, die zur gelben und schwarzen Partei gehört hatten, unterwarfen sich ihm, während der Rest der alten Horde des Pu-čin den Uiguren zufiel[2]). Durch die Qarluq wurden die alten Zehn Horden also teils nach Osten, teils weiter nach Westen abgedrängt, und da das Chalifenreich sich längst bis zum Jaxartes erstreckte, so blieb ihnen, so lange dieses mächtig und unerschüttert dastand, eine Ausdehnung nur nach Nordwesten, am nördlichen Ufer des Kaspischen Meeres entlang, möglich. Die Behauptung, dass die Ghuzen zur Zeit des al Mahdī von den Grenzen der Toɣuzɣuz her nach Transoxiana übergesiedelt seien, ist also doppelt falsch. Von einer Festsetzung derselben in Transoxiana (Sogdiana) kann um diese Zeit natürlich noch keine Rede sein, vielmehr wurden sie in dieser Zeit von den

---

1) Ja'qūbi, Historiae ed. Houtsma II ٢٧٩, ٣٢٨.
2) Vgl. Deguignes I 629 f. Parker a. a. O. 246. Tomaschek, Kritik der ältesten Nachrichten über den skythischen Norden II 52 f. (SBWA. Bd. 117, 1, 1888).

Qarluq aus ihren Sitzen zwischen Irtyš und Jaxartes weiter westlich gedrängt, wie der Bericht des Ibn al Athīr selbst noch andeutet. Dass aber die spätern Ghuzen mit den frühern Westtürken identisch sind, wird ausser Zweifel gestellt durch die Bemerkung, dass sie sich auch gegen die Chagane treulos erwiesen, ehe sie von den Qarluq vertrieben wurden. Allein in jener Nachricht steckt eine richtige Erinnerung, dass nämlich die Ghuzen (Oγuz) einst mit den Toquz Oγuz fern im Osten zusammengewohnt und mit ihnen eine politische und ethnische Einheit gebildet haben. Aber die Oγuz sind nicht erst unter al Mahdī, sondern spätestens durch die Eroberungen des Türkenchagans Mo-kan Kʿan (*Baγan qaγan) nach dem Tausendquellengebiet gekommen, vielleicht aber schon früher durch die Bewegungen der Hunnen und der sog. Žuan-zuan. Schon ums Jahr 463 treffen wir ja Uiguren (Οὔγωροι so l.) an der Wolga, die von den Sabiren aus ihren östlichen Wohnsitzen vertrieben worden waren [1]). Die Oγuz im Gebiete westlich vom Altai waren also wohl durch die grosse Völkerwanderung im 5. Jh. nach Westen gedrängt worden und gerieten hier unter die Botmässigkeit der Žuan-zuan, bis sie nach der Vernichtung des Reiches der letzteren dem neu emporgekommenen Staate des Mo-kan-Kʿan anheimfielen und an dem politischen Namen Türk partizipierten.

Im 9. und 10. Jahrhundert gerieten die Oguzen zunächst mit den ursprünglich zwischen Sir-darja und Ural sitzenden Pečenegen in Streit, welche sie vor sich hertrieben. Der eine Strom der oguzischen Wanderung, die Komanen oder Polowzer, mündete schliesslich in Ungarn, während der südliche den Halbmond in Byzanz und auf der Balkanhalbinsel aufpflanzte. Im zwölften Jahrhundert waren die Ghuzen in 24 Stämme geteilt, die in zwei grosse Abteilungen zerfielen, die Üč-oq und die Buzuq [2]).

Nach dieser Abschweifung kehren wir wieder zu unsern Inschriften zurück.

§ 13. Auf die Kämpfe gegen die Oγuz folgen mehrere

---

1) PRISC. fr. 30 in DINDORFS Historici Graeci min. I 341, 2. Vgl. MENANDER PROT. fr. 21 a. 568 ib. II 55, 1 ff.
2) S. HOUTSMA, Die Ghuzenstämme. WZKM. II 220 ff. G. SCHLEGEL, Kara Balgassun 112.

Kriege gegen die Tataby und Qytai, die Qarluq und die Chinesen. Zunächst wird

a) ein Feldzug gegen zwei Völker erzählt, die von Ältäbärs (einer nicht näher bekannten Würde) regiert waren II E 38. Darunter sind offenbar die Tataby und Qarluq gemeint, von denen im folgenden die Rede ist II E 39—40 [1]). Jene hatten sich dem chinesischen Kaiser ergeben, wurden aber vom Chagan besiegt; gegen die Qarluq entsandten sie den Tudun-Jamtar, der sie zu Paaren trieb, wobei einer ihrer Ältäbäre umkam. Im Jahre 720 entsandte der chinesische Kaiser eine Armee von 300000 Mann unter mehreren chinesischen und türkischen Heerführern gegen den Chagan. Der Oberbefehl über diese Armee wurde dem chinesischen General Wang-tsün übertragen, der sie im Herbste am Ufer des Flusses Ki-lo zusammenzog und dann den Basmyl, Hi (Tataby) und Qytai befahl, auf verschiedenen Wegen anzurücken, um das Lager des Me-ki-lien zu überfallen und sich seiner Person zu bemächtigen.

b) Die Basmyl hatten auch all ihre Truppen aufgeboten, um das Lager der Türken zu nehmen, allein da sie sahen, dass Wang-tsün und die übrigen Generäle nicht kamen, so zogen sie sich nach Pe-tʻing (Bäš-balyq) zurück. Hier wurden sie vom Chagan angegriffen und sämtlich gefangen genommen. Dies war wohl in Z. 41 der Inschrift erzählt; über das Schicksal der Hi und Kʻitan scheinen die chinesischen Berichte nichts weiter zu melden. Im Jahre 721 erscheinen sie aber wieder als Unterthanen der Türken [3]). Daraus ergiebt sich, dass am Ende von II E 38 oder am Anfang von Z. 39 otuz artuqy alty jašyma „in meinem 36. Jahre" zu ergänzen ist.

c) II S 1 wird sodann eine Niederlage der Chinesen erzählt. Nachdem der Chagan die Basmyl in Bäšbalyq zu Paaren getrieben hatte, kehrte er über Čʻi-ting zurück und plünderte Liang-čóu. Der Oberkommandierende der Provinz, Jang-king-šu entsandte den Lu-kong-li, Juen-čing und andere Beamte

---

1) Vgl. I N 3 und BANG, WZKM. XII 41 und N. 2. Ausser den Qarluq und Uigur (II E 37) hatten also auch die Tataby Äl-täbäre.
2) Journ. as. 1864, 2, 461. 466.
3) Journ. as. l. l. 468.

gegen die Türken, um sie zu umzingeln und gefangen zu nehmen, allein im 9. Monat erlitt Juen-čing, da seine Soldaten wegen der grossen Kälte ihre Bogen nicht handhaben konnten, eine völlige Niederlage [1]).

d) Im 38. Jahre (722) zieht der Chagan im Winter gegen die Qytai, im Frühjahre wohl des 39. Jahres (723) gegen die Tataby II E 2—7 (?). Der Text ist hier so verstümmelt, dass nirgends ein zusammenhängender Sinn zu gewinnen ist. Der König Li-čau-ko der Qytai und Tataby hatte eine chinesische Prinzessin erhalten und wurde dadurch für China gewonnen. Allein im Jahre 730 wurde er ermordet; einer von seinen Ministern, Ko-lo-k'an rettete sich mit seinen Parteigenossen zum Chagan der Türken, während die Königin, eine chinesische Prinzessin, nach China flüchtete. Dies veranlasste die Türken zum Einschreiten, allein die Rebellen blieben im Vorteil [2]). Von diesen Ereignissen wird also in den zerstörten Zeilen die Rede gewesen sein. Bei der Leichenfeier für Kültägin (732) erscheint auch ein Vertreter der Qytai und Tataby, der Udar-Sängün (I N 11).

e) Im 50. Jahre des Bilgä Chagan (734) fand abermals ein Kampf gegen die Qytai-Tataby statt. Ein feindliches Heer von 40000 Mann unter Qu-Sängün[3]) ward auf dem Berge Tüngkäs vernichtet, 30000 Mann sollen gefallen sein. Der feindliche Führer Qu-Sängün wurde dem verstorbenen ältesten Sohne des Chagans als Balbal errichtet. II S 7—9.

[Noch im selben Jahre, am 26. (alty otuzqa) des 10. Monats des Hundejahres starb der Chagan, nachdem er 19 Jahre Schad und 19 Jahre Chagan gewesen war (II S. 9 s. oben S. 14). Da er nun in seinem 14. Jahre Schad wurde, so muss er bei seinem Tode im 51. Lebensjahre gestanden sein (14 — 1 + 19 + 19), und zwar hat dasselbe vor dem 6. (chinesischen) Monat begonnen, da sein 33. Jahr vor dem 6. Monat des Jahres 716 angefangen haben muss. Er ist also in der ersten Hälfte des Jahres 684 geboren. Die Bestattungsfeier wurde am 27. (jäti otuzqa) des 5. Monats des Alγa-

---
1) Journ. as. l. l. 466 f.
2) DEGUIGNES I 582 f.
3) Vgl. THOMSEN p. 183 n. 187.

zyn-Jahres abgehalten, worunter nur das folgende Jahr, welches ein Schweinejahr war, verstanden werden kann [1]). Sie fand also genau 7 Monate nach dem Tode statt. Nach den chinesischen Angaben dagegen fiel der Tod des Mägrän in den 8. Monat [2]). Kültägin starb im Schafjahre, am 17. (jäti jägirmikä) eines ungenannten Monats, wahrscheinlich des dritten (s. o. S. 14), d. i. 731 im Alter von 47 Jahren. Er musste also das 47. Jahr mindestens angetreten haben, woraus sich ergibt, dass er spätestens im Anfang des Jahres 685 geboren ist. Die Totenfeier fand am 27. (jäti otuzqu) des 9. Monats desselben Jahres statt, die Einweihung des Grabdenkmals am 27. des siebenten Monats des Affenjahres. Statt dieses Datums gibt aber die chinesische Grabschrift wahrscheinlich den 7. des 7. Monats, ein Datum, welches nach den beigefügten genauen zyklischen Bestimmungen dem 1. August 731 entspricht [3]). Wir haben hier also wiederum eine unleugbare Differenz zwischen dem türkischen und chinesischen Kalender. Dass die Tageszahlen der alttürkischen Inschriften als zyklische aufzufassen seien, wird durch nichts angedeutet, und man ist auf diese Erklärung doch hauptsächlich durch die unrichtige Uebersetzung der Zahlwörter alty otuzqa und jäti otuzqa als 36. und 37. verfallen.

Die bei Bērūnī, Chronologie S. 71 = 83 der Uebersetzung mitgeteilte Liste der alttürkischen Monatsnamen entscheidet hier gleichfalls nicht. Dieselbe lautet:

1. Uluγ aj (grosser Monat)   7. Säkizinč aj (achter M.)
2. Küčük aj (kleiner „)   8. Tokuzunč aj (neunter „)
{3. Birinč aj (erster „)   9. Onunč aj (zehnter „)
{4. Äkinč aj (zweiter „) {10. Törtünč aj (vierter „)
{5. Altynč aj (sechster „) {11. Üčünč aj (dritter „)
{6. Bäšinč aj (fünfter „)   12. Jätinč aj (siebenter „)

Die Reihenfolge der Namen ist hier offenbar in Unordnung geraten und folgendermassen wiederherzustellen:

---

1) s. Anhang.
2) Mémoires concernant les Chinois XVI, 26, zitiert bei THOMSEN p. 79 n. 1.
3) THOMSEN p. 176 n. 83.

1. Uluγ aj
2. Küčük aj
3. Birinč aj
4. Äkinč aj
5. Üčünč aj
6. Törtünč aj
7. Bäšinč aj
8. Altynč aj
9. Jätinč aj
10. Sükizinč aj
11. Tokuzunč aj
12. Onunč aj.

Auf jeden Fall ergibt sich aber aus dieser Liste, dass das alttürkische Jahr, wenigstens zu Bērūnī's Zeit, mit dem Monat Uluγ aj beginnt, während der sogenannte 'erste Monat' (birinč aj) thatsächlich der dritte, der 'zehnte' (onunč aj) aber der zwölfte Monat des Jahres war — also wie in unserem römischen Kalender. Da aber Beruni über den Beginn des türkischen Jahres und die Länge seiner Monate, Schaltung u. s. w. nichts Näheres in Erfahrung bringen konnte, so ist hier Aufschluss erst von künftigen Forschungen zu erwarten. Unter der Voraussetzung, dass das türkische Jahr Berunis sich mit dem unserer Inschriften deckte, ergeben sich also für jene drei Fälle folgende Entsprechungen des alttürkischen und chinesischen Kalenders:

alttürkisch:	chinesisch:
27. IX. (jätinč)	7. VII.
26. XII. (onunč)	VIII.
IX. (jätinč)	VI.

Darnach begann das alttürkische Jahr beinahe um ein Vierteljahr früher als das chinesische.]

Im Jahre 721 schloss der Chagan Frieden mit dem Reiche der Mitte und bat um eine chinesische Prinzessin (I S 5. II N 3), wurde jedoch immer hingehalten; zuletzt bewilligte man ihm eine solche, allein der Chagan ward noch vor der Hochzeit von Mei-lo-č'ue (Mei-luk-tsoat), dem wir etwas früher als Gesandten am chinesischen Hofe begegnen, vergiftet[1]). Als er aber schon mit dem Tode kämpfte, liess er noch den Kang (Chan) Mei-luk-tsoat hinrichten und seine ganze Familie ausrotten. Auf dem ersten Steinpfeiler vor dem Grabe des Bilgä Chagan findet sich nun die Inschrift: Töläs šadyń taš balbaly bol „der Stein-Balbal des Šad der Töläs"[2]).

1) Journ. as. 1864, 2, 470; s. SCHLEGEL, Stèle funéraire 47.
2) RADLOFF S. 243. N.F. 157.

Zuerst hatte Radloff übersetzt „Dies ist der Steinpfeiler (zu Ehren) des Schad der Töläs". Allein Bang hat mit Recht bemerkt, dass das Wort b a l b a l an sämtlichen Stellen, wo es vorkommt, in Verbindung mit feindlichen Persönlichkeiten erscheint, und dafür die Uebersetzung 'Schandmal, Fluchmal' vorgeschlagen[1]). Wenn es von dem Hauptfeinde des Qutluɣ, dem Chagan der Toquz Oɣuz, Baz Chagan, heisst, er sei (beim Grabmal des Qutluɣ) als Balbal aufgestellt worden, I E 16 = II E 13, und ebenso der Bilgä Chagan seinem Oheim den Chagan der Kirgizen (Barsbäg) als Balbal errichtet I E 25 = II E 20, so kann auch hier unmöglich von einem Steindenkmal zu Ehren des Schad der Töläs die Rede sein. Aber auch die Auffassung als genit. subj. = 'der von dem Schad der T. errichtete Balbal' ist angesichts der durch die zusammenhängenden Inschriften an die Hand gegebenen Bedeutung von b a l b a l äusserst unwahrscheinlich.

Es frägt sich also, ob wir mit der anderweitig belegten Bedeutung des Wortes nicht auskommen. Der Schad der Töläs war als Oberhaupt der östlichen Hälfte des ostturkischen Reiches einer der höchsten Beamten des Chagans, und stets ein naher Verwandter, gewöhnlich ein Sohn oder jüngerer Bruder desselben. Wenn nun der Schad der Töläs beim Grabmal des Bilgä Chagan als Balbal errichtet worden ist, so ist der einzig mögliche Schluss der, dass er mit dem Kang (Chan) Mei-luk-tsoat, dem Mörder des Chagans identisch ist[2]). Aehnliches gilt dann natürlich auch für Sabra Tarqan, der dann als Balbal beim Grabe des am Ongin bestatteten Fürsten aufgestellt worden wäre.

Auch mit dem Chagan der Türgäš Su-lo, der sich nach dem Tode des Me-č'ue zum Chagan aufgeschwungen hatte, suchte Mägrän gute Beziehungen zu unterhalten und gab ihm seine Tochter, während die Tochter des Türgäš-chagans mit

---

1) S. T'oung Pao VII no. 4. S. 30 N. 3 des S. A. WZKM. XI 200.

2) Mei-luk war bei den Uiguren der Titel der ministers of state, and when they had audience of the Khakhan etiquette required them to remove the hat and enter with dishevelled hair (Parker p. 288). Ich zweifle nicht, dass es dem alttürk. buiruk entspricht, so dass Meiluk-tsoat „der Cur der Buiruks" bedeutet.

dem Sohne des Bilgä Chagan vermählt wurde II N 9—10 [1]).
Zu den Leichenfeierlichkeiten für Kültügin im 9. Monat
des Schafjahres 731 [2]), sandte der Türgüś-chagan den Siegelbewahrer Makrač.
Sogar Sogd und Buchara (B u q a r a q) waren durch Abgesandte vertreten, den Sängün (General, chines. t s i a n g - k i ü n) N äk und den Tarqan Oγul I N 12—13 [3]). Dies stimmt

---
[1] Vgl. THOMSEN p. 185 n. 114.
[2] INE. Vgl. Journ. as. 1864, 2, 471.
[3] Die betreffende Stelle der Inschrift ist sehr schwierig. THOMSEN p. 114 liest s o γ d b ä r č ä k ä r b u q a r a q u l y s b u d u n d a n ä ṅ s ä ṅ ü n o γ u l t a r q a n und übersetzt: 'de la part des peuples qui habitent en arrière, au soleil couchant, les Sogds, les Perses (?) et les Boukarak-oulis vinrent Neng(?)-sengun et Ogul-tarkan (?)' und bezeichnet p. 165 n. 64 die Lesung B u q a r a q als vollkommen sicher. RADLOFF liest s o γ a d b ä r ä č i l ä r ü č q y r q u l u s b u d u n d a N ä ṅ - s ä ṅ ü n O γ u l - T a r q a n und übersetzt N. F. 149: „von den 43 Stämmen [von den Uetsch Karkulus?] kamen Geschenke-Spender, kam Neng-sengün-Ogul-Tarkan (in der Anmerkung: „der Tarkan, der Sohn des Neng-sengün"). Was zunächst die Lesung anbelangt, so bezeichnet auch BANG das k in b ä r č i k ä r als sicher. Zu RADLOFFS und THOMSENS n ä ṅ, schreibt er, braucht man nur die finnische Ausgabe tab. 12 Z. 58 (wo der unterste Querstrich v i e l h ö h e r am vertikalen Balken angebracht ist, als das Knie am vorhergehenden n) zu vergleichen mit n ä ṅ I E 21, finn. Ausgabe tab. 3 Zeile 15; hier steht der Querstrich des ṅ g e n a u auf derselben Höhe, wie das Knie des vorhergehenden n. n e n g 'schlecht' wäre auch ein wunderbarer Eigenname. Es ist also mit der finnischen Ausgabe n ä k (nik, ä n i k etc.) zu lesen.

Dass hier Sogd und Buchara völlig an ihrem Platze sind, ist mir unzweifelhaft. Die beiden Ausdrücke S o γ d b ä r č i k ä r B u q a r y q u l y s sind offenbar völlig parallel, und dem entspricht es, dass wir nach der Wortabteilung der Inschrift auch zwei Eigennamen haben (wie es auch THOMSEN richtig aufgefasst hat: Der Süngün N ä k war der Gesandte von Sogd, der Tarchan O γ u l der von Buchara).

Das rätselhafte b ü r č i k ä r, worin THOMSEN (p. 165 n. 64) die Perser vermutete, will BANG in b ä r č i k ä r zerlegen. In b ä r č i k stünde rč für rs, rz, wie in b o l č u n : bolzun, so dass b ärčik = *bärsik wäre. Da aber das Alttürkische den Anlaut p nicht kennt (es findet sich dafür kein sicheres Beispiel in den Inschriften), so könnte b ä r č i k für mitteliranisch (sogdisch) P ä r s i k stehen, und der Ausdruck S o g d b ä r - č i k ä r würde bedeuten 'die persischen Männer von Sogd'. Darunter wäre diejenige Partei in Sogd zu verstehen, welche im Jahre 728/9 den Islam angenommen, aber infolge des Wortbruchs der Araber wieder abgeschworen hatten und wieder zur alten Zarathustra-Religion zurück-

sehr gut zu der damaligen Geschichte von Chorasan. Seit dem Jahre 108 H. war der Chagan der Westtürken wieder im Vordringen gegen die Araber begriffen (Tab. II ١۴٩٢, 9 ff.). Im Jahre 110 H. (728/9) hatte der neuernannte Emīr von Chorasan, Ašras b. ʿAbdallāh as Sulamī, die Einwohner von Samarkand und des übrigen Transoxiana zur Annahme des Islams aufgefordert unter dem Versprechen, dass ihnen die Kopfsteuer erlassen werden solle. Allein die Fürsten von Samarkand und Buchārā, Ghūrak und Tuγšāda, sahen keineswegs mit günstigen Augen zu, als nun ihre Unterthanen in Masse zum Islam übertraten, da dadurch ihre Einnahmen sich bedeutend verringerten, und auf ihre Vorstellungen verfügte Ašras, dass die Neubekehrten die Kopfsteuer nach wie vor zu entrichten hätten[1]). Darauf brach unter diesen ein Aufstand aus, sie

gekehrt waren. Diese Partei war es, welche sich an die Türken um Hilfe gewandt hatte. Der Ausdruck bärčik är = Pârsik würde also die nationalen, an der alten Religion festhaltenden Sogdier im Gegensatz zu den muslimischen, auf Seite der Araber stehenden (Tāčik = chin. Ta-śih), vielleicht auch zu den Türken bezeichnen. Wie sehr die Mazdareligion in Samarkand überwog — im Unterschied von Buchara, wo, wie wir aus arabischen Nachrichten wissen, der Buddhismus im 7/8. Jahrhundert stark verbreitet war — ersehen wir aus den Worten Hüančuangs: „Le roi et le peuple (de Sa-mo-kien) ne croient point à la loi du Bouddha, ils font consister leur religion dans le culte du feu. On y voit deux couvents où n'habite aucun religieux. Si des religieux étrangers viennent y chercher un refuge, les barbares les poursuivent avec des tisons enflammés et ne leur permettent point de s'y arrêter" etc. (Hoei-li, Vie et voyages de Hiouen-thsang trad. STAN. JULIEN p. 59). Dass dagegen die Mazdajasnier schlechtweg als bärčik är = Pârsik bezeichnet worden wären, daran ist nicht zu denken.

Für Buqaraq ulys wäre gleichfalls Buqaryq ulys zu lesen, ulys kann hier nicht = 'Volk' sein, da ja budun noch folgt; es hat hier die Bedeutung 'Leute', ganz parallel dem är, also 'die bucharischen Leute' (buqaryq = sogdisch *buxārik, np. بخاري). Der ganze Ausdruck würde also bedeuten: '(von den Völkern) der iranischen (bärčik) Männer von Sogd und der bucharischen Leute kamen der Sängūn (tsiang-kün) Nāk und der Tarchan Oγul'.

1) Tab. II ۱٥۰۷, 3 ff. — Vgl. zum Verständnis der hier zu Grunde liegenden religiösen, sozialen und politischen Verhältnisse G. VAN VLOTEN, Recherches sur la domination arabe, le chiitisme et les croyances mes-

schworen den Islām wieder ab und wandten sich um Hilfe an die Türken (Tab. II ١٥١٠, 2). Die Einwohner von Soγd und Buchara vereinigten sich mit dem Chāqān und den Türken und schlossen eine Abteilung von 10000 Mann unter Qaṭan b. Qotaiba in ihrem Lager nördlich vom Oxus ein, während türkische Abteilungen fast täglich den Oxus überschritten und das arabische Hauptheer bei Āmul beunruhigten. Endlich überschritt Ašras den Oxus und rückte den Türken entgegen, die ihm bei Paikand eine Schlacht lieferten, in welcher u. a. der Sänger und Held Thābit Qotna fiel. Beim Schlosse des Buchārāchuδāh wurde eine Abteilung von 6000 Mann abgeschnitten, worunter sich Qaṭan b. Qotaiba und Ghūrak, der König von Soγd, befanden (Tab. II ١٥١٥, 16 ff). Dieser ward so gezwungen, zu den Türken überzugehen, die Araber aber, welche den Ašras bereits für verloren hielten, der etwa 1 Par. von der Hauptstadt von Buchara lagerte, warfen sich nach Kamarga كَمَرْجَه, einer Festung bei Buchara. Hier wurden sie von den Türken 58 Tage belagert und erhielten endlich freien Abzug nach Dabūsija (II ١٥٢٥, 6). Der Türke Kūrçūl (Külčur) vom Türgäšvolke, der nachmalige Mörder des Chāqāns (s. o. S. 30), geleitete sie dahin. Unterdessen ward aber Samarkand, wo Naçr b. Saijār kommandierte, von den Türken belagert (II ١٥١٩, 8 ff.). Bei den Türken befand sich auch Chosrau, ein Sohn (richtiger wohl Enkel) des Jezdegerd III, den der Chāqān wieder in sein Reich einsetzen sollte (II ١٥١٨, 2).

Im gleichen Jahre erhoben sich auch die Einwohner von Kordar am Aralsee, von den Türken unterstützt, gegen die Araber, wurden aber wieder bewältigt (II ١٥٢٥, 12 ff.).

Im Jahre 111 H. ward al Gunaid b. ʿAbdallāh al Muzanī zum Emīr von Chorasan ernannt. Dieser lieferte dem Chaqan ein siegreiches Treffen bei Zarmān im Gebiete von Samarkand (II ١٥٢٩, 5).

Im Jahre 112 oder 113 H. (730/31 oder 731/32) aber erlitten die Araber eine gewaltige Niederlage in der Nähe von

---

sianiques sous le Khalifat des Omayades. Amsterdam 1894, besonders p. 20 ff.

Samarkand¹). Der Statthalter von Samarkand Saura b. al Ḥurr berichtete, dass er nicht mehr im Stande sei, die Mauern von Samarkand gegen den Chaqan zu halten, und bat dringend um Entsatz; al Ǵunaid setzte also von Tochāristān aus über den Oxus, um über Kišš nach Samarkand zu ziehen. Auch der König von Kišš, al Ichrīḏ, musste ihm Heeresfolge leisten (II ١٥٢٤, 13). Aber in einem Passe zwischen Kišš und Samarkand, 4 Par. von letzterem entfernt, stiess er auf die Uebermacht des Chaqans, dessen Heer aus Leuten von Soγd, Čāč, Farγāna und einer Abteilung Türken bestand (١٥٢٤, 11). Der Emīr hatte wohl für eine Front- und Rückendeckung gesorgt, aber nicht für eine Flankendeckung, und so wurde er in der linken Flanke vom Chaqan, in der rechten vom Jabγu (جَبْغُويَه) angegriffen²). Nachdem die Araber beträchtliche Verluste erlitten hatten und fürchten mussten, gänzlich von den Feinden umzingelt und aufgerieben zu werden, verschanzte sich der Emīr, wusste aber zuletzt keinen andern Ausweg, als dem Saura b. al Ḥurr den Befehl zugehen zu lassen, die Mauern von Samarkand zu verlassen und ihm zu Hilfe zu kommen. Dieser sah seinen Untergang voraus, gehorchte aber, wenn auch widerwillig, und wurde mit seiner ganzen Streitmacht (12000 Mann ١٥٢٠, 11) vernichtet.

Im Heere des Chaqans befanden sich auch Ghūrak, der König von Samarkand, und Iškand, der Herr von Nachšab³). Nach dem Untergang des Saura warfen sich die Türken wieder auf al Ǵunaid, und dieser verhiess nun in der höchsten Not den Sklaven, die für die Araber kämpfen würden, die Freiheit. Diese entwickelten denn auch einen solchen Heldenmut, dass die Feinde vor ihrem Ansturm zurückwichen und al Ǵunaid sich nach Samarkand durchzuschlagen vermochte. Er blieb dann noch 4 Monate in Soγd, während die Türken nach Buchara zurückkehrten, wo Qaṭan b. Qotaiba Statthalter war

---

1) Tab. II ١٥٣٢, 6 ff. ١٠٠٣, 2.
2) Tab. II ١٥٢٧, 2.
3) Tab. II ١٥٢٠, 15. ١٥٢٢, 8.

(١٠٢٨, 7 ff.). Auf den Rat des ʿAbdallah b. Abū ʿAbdallāh liess er dann den ʿOthmān b. ʿAbdallāh b. aš Šichchīr mit 900 Mann in Samarkand zurück und brach selbst mit den Hinterbliebenen der im Passe von Kišš Gefallenen nach Merw auf, um dieselben unter ihre Stämme zu verteilen. Bei al Tawāwīs im Gebiete von Buchārā hatte er zwar noch ein Gefecht mit einer türkischen Abteilung zu bestehen, gelangte aber doch wohlbehalten nach Merw. Auf die Hiobspost hin sandte ihm der Chalife Hišām 20000 Mann Verstärkung: 10000 Kūfenser und 10000 Baçrenser, die bei ihm eintrafen, als er in Čaγānijān war [3]).

In den folgenden Jahren wird bei den Arabern von Transoxiana nichts gemeldet.

Die Chinesen scheinen über Buchara (ʾAn) in dieser Zeit nichts zu berichten. Dagegen melden sie, dass im 14. Jahre Kʿai-juan (726) der Fürst von Ho-han (Charγān in Buchara)[4]) namens A-si-lan-po-ti (Arslan) durch seinen jüngern Bruder Ta-fu-tan-fa-li „Tribut" schickte. Acht Jahre später (734) schickte er ebenfalls Tribut, nämlich zwei Wildesel aus Persien und Stoffe aus Ta-tʿsin, sowie seltene Landesprodukte. Die Kʿo-tun sandte zwei gestickte Teppiche und andere kostbare Dinge. Als Gegengeschenk erbat man sich einen Mantel, einen Gürtel, einen Panzer und eine Lanze, sowie Frauenkleider für die Kʿo-tun.

Samarkand (Kʿang) sandte im Beginne der Periode Kʿai-juan (713—741) Tribut. Der König U-le-kia (Ghūrak) hatte einen unglücklichen Krieg mit den Ta-ši (Arabern) zu führen und wandte sich nun an den Kaiser von China und bat um Hilfstruppen, ward aber abschlägig beschieden. Lange nachher richtete derselbe Fürst eine neue Bitte an den Kaiser, die gewährt wurde. Einer der Söhne des Ulekia, namens Tʿu-ko, ward zum König von Tʿsau ernannt, der andere, Me-čʿue zum König von Mi (Māi-murg). Nach dem Tode des U-le-

---

1) Tab. II ١٠٢٢, 4.
2) Tab. II ١٠٢٢, 3 ff. ١٠٢٩, 10 ff.
3) Tab. II ١٠٢٥, 10 ff. ١٠٠٢, 15.
4) S. den Exkurs ʿSogdianaʾ.

kia sandte der Kaiser Offiziere ab, um den T'u-ko an seine Stelle zu setzen, der den Titel Kin-hoa-wang erhielt; seine Mutter, die K'o-tun, bekam den Titel Kiün-fu-žin [1]). Darnach hat es durchaus nichts Unwahrscheinliches, dass die Einwohner von Buchara und Soɣd auch zu den Begräbnisfeierlichkeiten für Kültägin im Jahre 731 Abgesandte schickten. Der Inhalt der Inschriften des Denkmals vom Ongin ist nicht leicht festzustellen, zumal da RADLOFFS Uebersetzung hier eine ganz besonders zerbrechliche Stütze ist. Zunächst ist nicht ohne weiteres klar, wer unter dem im 7. Monat des Drachenjahres verstorbenen „starken Heldenchagan", dem weisen Tačam (O a 4. O b 3. 4. 7) zu verstehen ist. Am nächsten läge es, an Me-č'ue, den Oheim des Bilgä Chagan, zu denken, der im Jahre 716, also thatsächlich in einem Drachenjahre gestorben ist. Dafür würde auch sprechen, dass dieser Chagan, wie es nach RADLOFFS Uebersetzung scheint, eines gewaltsamen Todes gestorben ist (O a 3). Auch der Umstand, dass dieser Chagan den Titel Tängri Bilgä Chagan 'der weise Himmelschagan' führt, würde dieser Auffassung zur Stütze gereichen. Denn der Oheim des Mägrän erhält auch I E 23 = II E 19 den Titel Bilgä Chagan. Auch O a 3, nach RADLOFFS Uebersetzung: „und angreifend habe ich für meinen jüngeren Bruder und für meine Söhne gelebt (?)", würde sehr gut auf Me-č'ue passen, der seinen Bruder Tusik beg zum Schad des Ostens, seinen Neffen Me-kiü (Mägrän) zum Schad des Westens ernannte, über beide aber seinen Sohn Fu-kiü als „kleinen Chagan" setzte, während die Söhne des Qutluɣ beim Tode ihres Vaters erst 8 und 7 Jahre alt waren und daher bei der Wahl seines Nachfolgers übergangen werden mussten. Allein in der Frontinschrift redet ein Fürst in erster Person, der sich Z. 4

---

[1] ABEL RÉMUSAT, Remarques sur l'extension de l'empire chinois du côté de l'occident. Mém. de l'Acad. des inscr. VIII (1827), 94—97. Nouveaux mél. asiat. I 231 s. — Nach dem Obigen wird der Leser selbst beurteilen können, was er von den Flunkereien BARTHOLDS zu halten hat, der es S. 35 f. nicht für möglich hält, dass „die Stadt Buchara im J. 731, als sie sich schon in voller Abhängigkeit von den Arabern befand, Gesandte in die Mongolei geschickt haben sollte", und in Sogd den Namen einer Stadt im Gebiete von Taschkent sehen möchte, welche die Chinesen Su-tu nennen.

den Titel Ältäräs qaɣan beilegt. Man müsste also annehmen, dass nicht bloss Ko-to-lo (Qutluɣ), der Vater des Mägrän (I E 11 = II E 10), sondern auch noch Me-č'ue anfangs den Titel Ältäräs qaɣan geführt hätte (O 4). Gegen diese Auffassung scheint aber zu sprechen, dass Me-č'ue nach den chinesischen Berichten nicht im 7. Monat, wie der am Ongin bestattete Tačam, sondern am Tage Kweijóu des 6. Monats = 22. Juli 716 getötet wurde, besonders aber erhebt sich dagegen das Bedenken, dass Kültägin alsbald die ganze Familie des getöteten Chagans ausrottete und schwerlich anzunehmen ist, dass der neue Chagan demselben ein prächtiges Grabdenkmal errichten liess. [Freilich stimmt ja der alttürkische Kalender, wie es scheint, auch sonst nicht genau mit dem chinesischen überein. Wir haben oben S. 29 gesehen, dass die Einweihung des Kültägin-Denkmales nach der chinesischen Inschrift desselben am 7. Tage des 7. Monats, nach der türkischen Inschrift dagegen am 27. des 7. Monats stattfand, und der Tod des Bilgä Chagan, welcher nach der alttürkischen Grabschrift am 26. des 10. Monats stattfand, wird von den Chinesen in den 8. Monat verlegt. Aus der Differenz der Sterbemonate des Tačam und des Me-č'ue wäre also kein unbedingtes Argument gegen ihre Identität zu entnehmen.]

Die von RADLOFF S. 246 f. aufgestellte Identität des am Ongin bestatteten Chagans mit dem Vater des Bilgä Chagan, den die Chinesen Ko-to-lo, alte Aussprache Kut-tut-luk = Qutluɣ[1]) nennen, beruht nur darauf, dass der am Ongin

---

1) Die Transskriptionsweise, wie sie uns in Kut-tut-luk (SCHLEGEL, Stèle funéraire p. 23) = Qutluɣ, Kat-lo-luk (ib. p. 31, Kara Balgassun S. 26), neben Kat-luk = Qarluq, Mik-kik-lien (Stèle funéraire p. 23) = Mägrän (BANG, Zu den köktürkischen Inschriften, T'oung-Pao vol. 9, no. 2 p. 5 n. 1 des S. A.) begegnet, möchte ich kurz als phonetisches Komplement bezeichnen. Dazu füge ich den Titel Kiū-liū-č'ue (Journ. as. 1864, 2, 201), alte Aussprache K'ut-lut-tsoat (SCHLEGEL, a. a. O. 7), der im T'ang-šu unmittelbar hinter dem Jabɣu und vor dem Apa steht. Es ist unzweifelhaft = Kül-čur II S 13; Ch. T. 1, 3. Dieser Titel kommt auch bei den Westtürken vor: nach SCHLEGEL, Kara Balgassun S. 112 führte der zweite Čur der Tuluk-Horden den Titel Ulug ok Kül-Čur. Ein General Kül-čur (Kiue-č'ue, bei DEGUIGNES I 611 Ku-tschu) begegnet im J. 651 bei den

Bestattete sich O 4 denselben Titel Ältäräs qaɣan beilegt, welchen nach der Aussage des Bilgä Chagan auch sein Vater geführt hatte. Qutluɣ wäre also im Jahre 692, einem Drachenjahre gestorben, und man hätte wohl anzunehmen, dass ihm das Grabdenkmal von seinem jüngeren Bruder und Nachfolger Me-č'ue errichtet wurde. Freilich bliebe dabei höchst auffällig, dass derselbe sich auf dem Denkmal — im schärfsten Gegensatz zu den beiden andern Denkmälern — mit keiner Silbe verrät. Der Wortlaut O a 4 und O b scheint vielmehr darauf hinzuweisen, dass das Denkmal von einem Privatmanne errichtet worden ist. Dazu kommt, dass bei jener Auffassung das Todesjahr des Qutluɣ mit dem damaligen Alter seiner Söhne (8 und 7 Jahre) nur höchst gezwungen in Einklang gebracht werden könnte. Da Kültägin spätestens im 3. Monat des Jahres 731 gestorben ist, als er bereits im 47. Jahre stand, so kann sein 7. Jahr nur knapp noch mit 1 bis 2 Monaten ins Drachenjahr 692 hineinreichen. Da die bisher vorliegenden chinesischen Nachrichten keine Entscheidung gestatten, so hat denn auch THOMSEN (p. 66) 691 als Todesjahr Qutluɣ's gewählt. Im folgenden werden sich noch mehrere Anzeichen ergeben, die zu Gunsten des Me-č'ue sprechen. Da aber trotzdem zwischen diesen beiden Möglichkeiten vorläufig keine sichere Entscheidung möglich scheint, so habe ich im folgenden beide berücksichtigt.

O 1—3 schildern die Entstehung des Türkenreiches unter Jamy-qaɣan (Tumen)[1]) und den Niedergang und die Unterwerfung desselben unter die Chinesen.

Westtürken, und nach PARKER bei THOMSEN p. 194 hiess der General des Stammes Wu-čih-leh um 709 Kiue-č'ue = Kül-čur. Letzterer führt aber bei DEGUIGNES I 620 den Titel M o - h o - t a - k' a n d. i. b a ɣ a t a r q a n, also denselben Titel, welchen S. 626 auch einer der beiden Mörder des Chagans So-lu erhält, der bei TABARI كورصول Kürçūl d. i. K ū l č u r heisst und schon im Jahre 102 H. = 720/21 genannt wird (Tab. II ١۴٢١, 10. 14. Vgl. meinen Aufsatz „Arabistische Glossen zu den alttürkischen Inschriften" WZKM. XII). Die Identität des Kūlčur bezw. Baɣa tarqan der Wu-čih-leh mit dem Kürçūl der Araber kann also keinem Zweifel unterliegen.

1) S. meinen Aufsatz WZKM. XII.

Z. 4 erzählt die Erhebung des hier bestatteten Fürsten zum qpγn ältäräs qaγan (vgl. I E 11. II E 10). Das Wort qpγn, mit welchem Radloff nichts anzufangen gewusst hat, ist offenbar ein Titel, und zwar kein ganz unbekannter: wenn ich mich nicht täusche, so entspricht es einem Titel, den wir längst bei den Donau-Bulgaren kannten, wo er bald καυκάνος, bald καυχάνος geschrieben wird[1]). Wir haben also zu

---

[1] Vgl. Kunik in Kunik und Rosen, Izwěstija al-Bekri i drugich awtor o Rusi i Slawjanach. Čast I. St. Petersburg 1878 S. 152—154, der dafür Georgius Monachus ed. Bonn p. 876 = 893 und Georg. Hamartolus ed. Muralt p. 819, sowie CIG IV 8691 p. 318 anführt. Vgl. auch die Inschrift Archäol.-epigraph. Mitteil. aus Oesterreich-Ungarn Bd. XIX, 243. — Ich erlaube mir hier noch auf einige z. T. in neuerdings gefundenen griechisch-bulgarischen Inschriften des 9. Jahrhunderts (veröffentlicht: archäol.-epigr. Mitteil. aus Oesterr.-Ung. XVII, 199 f. 208. XIX, 237—248. CIG IV 8691) vorkommende Titel hinzuweisen, die neben den Eigennamen und den in der bekannten bulgarischen Fürstenliste erhaltenen altbulgarischen Glossen, die Radloff bei Kunik und Rosen a. a. O. S. 138—143 zu erklären versucht hat, ein wichtiges Hilfsmittel für die Bestimmung der genaueren ethnographischen Zugehörigkeit der Bulgaren und damit der Hunnen überhaupt bilden dürften:

κάνας CIG IV 8691 Z. 10. Mitt. XVII 199. 200. XIX 238, κάννας Inschrift des Omortag bei Jireček, Gesch. der Bulgaren S. 148 N. 11 (lies 'Ωμορτάγ κάννας υβιβη), κάνας Mitt. XIX 239 vgl. alttürk. qan Ongin 1, 10. O b 6. O a 4 und häufig in den Jenisseiinschriften, sonst alttürkisch qaγan. Vgl. den Namen Καμπαγάνος Nikephoros ίστ. σύντ. p. 71, 5 = Παγάνος bei Theophanes Chronogr. p. 433, 22. 436, 9, also = Qan Pagan.

βαγ in ΒαΤβαιἄν, Fürst der Kuban-Bulgaren Theophanes Chronogr. p. 357, 19. 358, 9 = Βαιανός Nikephoros ίστ. σύντ. p. 33, 26. 34, 18, also zu lesen ΒαΓ-βαιἄν = bäg Bajan.

βαγατουρ XVII 208. XIX 238, βογοτορ XIX 239, 'Αλογοβοτούρ bulgarischer Heerführer a. 927 Konstantin. Porphyrogenn. de admin. imper. c. 32 p. 158, 17, 1. 'Αλο-βογοτούρ = mongol. baghatur, kirgiz. batur M. M. IIIa, 1 (Inschrift vom Altyn-Köl) bei Radloff S. 334 f. vgl 375. Dieser Titel findet sich in der Form Vagantur[il auch in der Liste der Gesandten des Bulgarenherrschers, die auf der Synode von Konstantinopel erschienen, bei Mansi XVI 158 (s. u.). ['Αλογοβοτούρ offenbar = alp bagatur, alyp bagatur = chin. mo-ho-to — W. B.]

υβηγη CIG IV 8691 Z. 10, Mitt. XVII 200, υβιγι XIX 238, υβυγη XX 239, υβιβη Jireček, Gesch. der Bulgaren 148 N. 11 im Titel der bulgarischen Fürsten, nach Tomaschek = kumanisch ö w e g h ü, öwghü 'erhaben, gepriesen'.

βαγαινος CIG IV 8691 Z. 23. Mitt. XVII 208. XIX 238. 240 (3) vgl.

übersetzen: „Qapγan und Ältäräs qaγan bin ich deinem Volke geworden". Dieser wird dabei, wie es scheint, von 75 [65]

alttürk. **baγa O5** (in **baγa tüngrikän**) und II S 14 (**boila baγa tarqan**). κούλουβρος Mitt. XIX 239, κο[ύλ]οβρος CIG IV 8691a Z. 7/8 (nach Dr. GROAG), nach TOMASCHEK zu türk. **qolaghuz**, woraus eine nordtürkische Dialektform **qolabur**, **qolobur** = Wegweiser, mit Uebergang von **gh** in **b** und von **z** in **r**. Dazu gehört der übersehene Βουκολαβράς, ein 'Skythe' am Hofe des Avarenchagans Theophyl. Sim. 1, 8, 2, bei welchem Theophylakt ausdrücklich angibt, dass es ein Beiname (bezw. Würdenname) sei mit der Bedeutung μάγος oder ἱερεύς.

βοιλᾶς, βοηλᾶς, Plural βολάδες (oft bei Theophanes), später βολιάδες (bei Konstantin Porphyrog.) mit Mouillierung = *bolja, slawisiert **boljárin**, Pl. **boljáre** (RÖSLER, Romän. Stud. 241 N. 1. Jireček, Gesch. der Bulg. 139) = alttürk. **boila**. Der slawische Plural **boljáre**, von dem aus der Singular **boljárin** erst abgeleitet ist, ist mit dem die Beschäftigung anzeigenden slawischen Suffix **-are** weitergebildet (Beispiele bei JIREČEK a. a. O. S. 110), liesse sich aber auch auf den türk. Plural **boila-lar** zurückführen.

In den Namen der Gesandten des Bulgarenherrschers Michael, die auf der 8. allgemeinen Synode in Konstantinopel 869 erschienen (Mansi XVI 158), hat RÖSLER, Romän. Studien 252 N. 1 mehrere bulgarische Titel erkannt. Im Texte steht: Stasis zerco borlas nesundicus vagantus il vestrannatabare praestit zisunas campsis, et Alexios Sampsi Huno, wofür HARDOUIN abteilen wollte: Stasis, Zerco, Borlas, Nesundicus, Vaganturil, Vestranna, Tabare, Praesti, Tzisuna, Scampsis et Alexius Sampsihunno. RÖSLER schlägt dagegen vor, etwa zu lesen: Stasizecho Bolias, Nesundicus Vaganturil (?), Vestranna Tabare (?), Praestizisuna Sampsis, Alexius Sampsis, und sieht in jenen 8 Namen nur 4 mit den respektiven Titeln. Sampsis wäre = σμψής, eine slawische Würdebezeichnung (von asl. san ἀξίωμα) in der Vita S. Clementis c. XVI ed. MIKLOSICH. Für Borlas ist natürlich **Boelas** = βοηλᾶς zu lesen, Vagantur aber ist einfach βαγατουρ, **Tabare** möchte ich mit alttürk. **altäbär** zusammenstellen. Vielleicht ist geradezu zu verbinden Vestranna (?) lltabar. Die darauf folgenden Worte möchte ich vorläufig so emendieren: Epraestitzis Unas[c]ampsis, Alexios [H]unosampsi(s); ähnlich im Anfang Stasis Boelas tercon[e], Sundicus Vagantur. Vgl. Sundicus und βουλίας ταρκάνος unten. In der Vita S. Clementis c. XVI erscheint als Befehlshaber von Belgrad ein βοριταρκάνος, d. i. wohl **büri tarqan**, von **büri** 'Wolf'. Dazu dürfte zu vergleichen sein, dass bei den Alttürken die Leibwachen des Fürsten **fu-li** (türk. **büri**) d. i. Wolf hiessen (Journ. as. 1864, 1, 338).

Die Chane der Bulgaren führten, ehe ihnen von den byzantinischen Kaisern der Titel βασιλεύς zuerkannt wurde, den offiziellen Titel ὁ ἐκ

seiner Verwandten unterstützt¹), von denen Älätmiš²), der Sohn des Jabɣu, sowie Sabra der Tamɣan-Čur, der jüngere Bruder des Joɣa, und der weise Sabra, der Tamɣan-Tarchan, besonders hervorgehoben werden. Leider schweigen die uns zugänglichen chin. Quellen über diese Personen. Ein Tegin Sa-po-lo (Sabra)³) wird im Jahre 647 von seinem Vater, dem Chagan Í-ču Če-pi-kʻan mit Geschenken an den kaiserlichen Hof gesandt. In der Spezialgeschichte der Türken führt dieser Tegin den Namen Čipi und besiegt im Jahre 650 die chinesischen Generäle 'Antiau-če und Han-hoa⁴). Der Name Joɣa erinnert an Jo-ku-še, den jüngern Bruder des Chagans Kie-li (620—630), der sich im Jahre 630 den Chinesen unterwarf⁵). Denselben Namen

---

θεοῦ ἄρχων, die Fürstin ἡ ἐκ θεοῦ ἀρχόντισσα (Konstantin. Porphyrog. de caerim. II 47 p. 681) und zwar nach den Inschriften schon vor der Annahme des Christentums. Es ist also wohl Uebersetzung von türk. tängridä bolmyš qan „der durch den Himmel gewordene Chan" oder tängri jaratmyš qan „der vom Himmel eingesetzte Chan" (vgl. II E 1; I S I = II N. 1). Die beiden ältesten Prinzen führten die Titel Καναρτικεῖνος und Βουλίας ταρκάνος. In jenem hat FRAHN, Die ältesten arabischen Nachrichten über die Wolga-Bulgharen. Mém. de l'Acad. de St. Pétersbourg VI. Sér. t. I, (1832) S. 548 das türkische tägin erkannt. Ob etwa auch der كندرخاقان, der zweite Beamte des Chakans der Chazaren (Ibn Fadlān bei Jāq. II ۴۳۸), damit zusammenzustellen ist? Βουλίας ταρκάνος dagegen ist unmittelbar = alttürk. boila (bolja) tarqan. Der Titel بلطوار des Fürsten der Wolga-Bulgaren (Ibn Fadlān bei Jāqūt I ۷۲۳, 11 ۷۲۴, 20), den FRAHN, einer Konjektur SENKOWSKIS folgend, in بلطواز ändern und mit dem „vlatavacz und vladavac der dalmatischen und bosnischen Slaven" identifizieren wollte (Drei Münzen der Wolga-Bulgharen aus dem X. Jahrb. Mémoires de l'Acad. imp. de St. Pétersbourg VI. Sér. t. I 1832 p. 182), vergleicht sich mit Il-utʻver oder Al-utʻver, dem Namen eines Hunnenfürsten in Waračan im Kaukasus im 7. Jh. bei Moses Kʻalankatvaçi (MANANDIAN, Beiträge zur albanischen Geschichte S. 31).

1) Das Verbum fehlt leider.
2) Älätmiš ist wohl als Eigenname aufzufassen; vgl. den Chagan der Westtürken Äl-ätmiš qutluɣ bilgä qaɣan um 744 DEGUIGNES I 628.
3) BANG, WZKM. XII 47 N. 1.
4) Journ. as. l. l. 398.
5) Journ. as. l. l. 230 s.

finden wir auch bei den Westtürken, bei denen ein gewisser Jo-ko-še unter dem Titel I-pi Tu-lu-k'an von den westlichen Horden zum Chagan erhoben wurde [1]). Es scheint, dass in diesem, wie in andern Namen der Titel Še, alte Aussprache Siet = Šad steckt [2]). Die Titel Tamγan-Čur und Tamγan-Tarqan sind zu übersetzen „der das Tamγa führende Čur [3]) bezw. Tarchan". Der zweite Titel wird bekanntlich illustriert durch den Gesandtschaftsbericht des Zemarchos a. 568. Der Chagan Dizabulos schickt nach dem Tode des Sogdiers Manjak (Μανιάχ) einen andern Gesandten nach Byzanz, ἣν δὲ ἐπίκλησις τῷ μετ᾽ ἐκεῖνον πρεσβευτῇ Ταγμά, ἀξίωμα δὲ αὐτῷ (sol.) Ταρχάν. Weiterhin wird derselbe einfach Ταγμὰ Ταρχάν genannt [4]). Vielleicht gehört das Wort Sabra beidemal zum Titel. Auf jeden Fall ist Sabra Tamγan Tarqan identisch mit dem auf dem ersten Steinpfeiler beim Grabe am Ongin genannten Sabra Tarqan. Nach der sonstigen Bedeutung des Wortes balbal ergibt sich aber aus der Inschrift Sabra tarqan balbaly 'der Balbal des Sabra Tarchan', dass dieser türkische Würdenträger später als ein Hauptgegner des am Ongin bestatteten Fürsten galt [5]), und entweder von diesem selbst oder von dessen Nachfolger getötet und als Balbal aufgestellt worden war. Falls das Denkmal am Ongin dem Meč'ue gehört, kann man für Sabra Tarchan an einen der Generäle denken, die diesen in seinem vorletzten Regierungsjahre verliessen und zu den Chinesen übergiengen, darunter sein Ei-

---

1) Deguignes I 603.
2) In der Geschichte der nördlichen Wei (Journ. as. 1864, 1, 332) heisst der zweite Beamte (nach dem Jabgu) Mo, alte Aussprache But, ein Fehler für Še = Siet, wie in der Geschichte der T'ang (Journ. as. 1864, 2, 201) richtig steht. In der Geschichte der Sui (Journ. as. 1864, 1, 351) sind Še und Tegin fälschlich in éinen Titel zusammengezogen. Vgl. Schlegel, La stèle funéraire du Téghin Giogh p. 63. — Še = Šad vermute ich in Pu-li-še Journ. as. 1864, 2, 205, Sse-li-fa-še p. 203 = Sse-li-fa (Schlegel, Stèle funéraire p. 7 Sulipat) und Šad, 'Au-še-še oder Jóu-še-še p. 205. 207, 227, Tŭng-'o-še Deguignes I 602 = Tonga-Šad, Ni-šo-mo-ho-še oder Ni-šo-še eb. 598. 599 = Nisuk (nach Schlegel) baγa Šad.
3) Vgl. über diese Würde Schlegel, Kara Balgassun S. 111 f.
4) Menander Prot. fr. 20 bei C. Müller, FHG. IV 228b. 229a.
5) Darauf hat mich zuerst Bang hingewiesen.

dam Kao-li-mo-li-či-kao-wen-kien, oder an einen der Grossen des Me-č'ue, die nach dessen Tode dem Mordstahl des Kültägin zum Opfer fielen ¹).

Vielleicht ist auch II S 14 Taman-Tarqan ein Fehler für Tamγan-Tarqan. Derselbe wird unter den türkischen Grossen aufgezählt, welche dem Bilgä Chagan bei seiner Tronbesteigung huldigten. Ein Altun-Tamγan-Tarqan 'das goldene Tamγa führender Tarchan' namens Täkäš wird auch auf der Rückseite der grossen Inschrift am Iche As'chete genannt (RADLOFF S. 257), und ein 'mächtiger Häuptling' namens I-li-tʿan-han = Äl-tamγan wird im Jahre 703 von Me-č'ue als Gesandter an die Kaiserin geschickt, um ihr 1000 Pferde als Geschenk zu überbringen ²).

Nach Ma Twan-lin bei SCHLEGEL, Stèle funéraire p. 26 wäre der Vater des Qutluγ und Me-č'ue ursprünglich Šen-jü der Stadt Jün-čung und Unterhäuptling des Stammes Še-li jüan-jing mit dem erblichen Titel Tudun gewesen. Nach dem Sturze des Kie-li hatte der General Li-tsing 300 Zelte von Türken nach Jün-čung verpflanzt und ihnen den A-sse-te Wen-po zum Oberhaupt gegeben. Sie vermehrten sich allmählich und wünschten nun zum Chagan einen Prinzen aus der kaiserlichen Familie; der Kaiser gab ihnen aber im Jahre 664 den A-sse-te Wen-po zum Oberhaupt, jedoch nicht mit dem Titel Kʻo-han, sondern mit dem ehemals von den Hiungnu geführten Titel Šen-jü ³). Der Name des Distrikts Jün-čung wurde in Šen-jü Ta-tu-hu-fu geändert. Von diesem Departement waren die drei Kommandanten von Lang-šan, Jün-čung und Sang-kʻien, sowie 24 andere Distrikte abhängig.

Im Jahre 679 empörte sich der Šen-jü A-sse-te Wen-po und die 24 Distrikte, welche ihm gehorchten, sowie Fong-či, das Haupt einer andern Türkenhorde, und sie erhoben den A-sse-na Ni-šo-fu (Ni-suk beg nach SCHLEGEL l. c.

---

1) Journ. as. 1864, 2, 456 ss.
2) Journ. as. 1. 1. 426. Vgl. den Tan-han-kʻan a. 582 und 583 bei DEGUIGNES I 523. 526.
3) DEGUIGNES I 571. Journ. as. 1. 1. 400 ss. p. 401 heisst es: „Il (l'empereur) donna à Hio-lun, roi de In, le titre de Chen-yu-tou-tou". p. 403 scheint STAN. JULIEN den A-sse-na Ni-šo-fu für den Šen-jü zu halten.

p. 23) zum Chagan. Allein dieser wurde in der Schlacht am Berge He-šan von seinen eignen Unterthanen getötet, und Fong-či von den Chinesen gefangen genommen (680). Darauf nahm A-sse-na Fo-nien den Titel Chagan an und vereinigte sich mit Wen-po, allein die Chinesen wussten Zwietracht zwischen den beiden Führern zu säen, so dass Fo-nien den Wenpo den Chinesen auslieferte, selbst jedoch ebenfalls gefangen genommen wurde, worauf beide enthauptet wurden (681).

In O 5—6 heisst es nun nach Radloffs Uebersetzung, dass die Oγuz feindlich geworden seien und der Vater des Tačam in den Dienst des Baγa Tängrikän getreten sei, wofür dieser ihm den Titel eines Sad verlieh. Nun wurden die Toquz Oγuz feindlich, worauf der Tängrikän gegen sie auszieht. Tängrikän bildet in der alttürkischen Inschrift des Uigurendenkmals von Kara Balgassun einen Bestandteil der Titulatur des Uigurenchagans (Radloff S. 292), allein hier könnte dann wohl nur der chinesische Kaiser damit gemeint sein. Dieser hatte im Jahre 630 selbst den Titel eines „Himmelschagans" (Tien-K'ohan) angenommen[1]). Allein Radloffs Uebersetzung ist, wie mir Bang gütigst mitteilt, sehr zweifelhaft. Z. 5 übersetzt Radloff: „Mein Vater Baga-Tengriken sagend (oder: meines Vaters Volksabteilung sich dem Tengriken zuwendend) dort zog hin und weihte Sinn und Kraft". Allein statt täjin 'sagend' steht nur jn im Original, und man kann ebensogut übersetzen, „mein Vater der Baγa Tängrikän". Z. 8, wo Radloff übersetzt „mein Vater, der Schad, bat ihn in solcher Weise" könnte auch sein „mein Vater bat den Schad". Es bleibt also unklar, wer der hier genannte Schad ist. Ein Zusammenhang lässt sich vorläufig wegen der Verstümmelung des Textes nicht herstellen. In Z. 8 war wohl noch der Aufstand der Türken in den Jahren 679—681 erzählt, in welchem A-sse-te Wen-po umkam.

In der chinesischen Inschrift auf dem Kültägindenkmal scheint der Grossvater des Kültägin, also der Vater des Qutluγ qaγan, Kut-t'o-luk Kieh-kin genannt zu werden. Es heisst hier nach der Uebersetzung Schlegels (Stèle funéraire

---

1) De Mailla, Hist. générale de la Chine VI 66. Schlegel, Kara Balgassun 74 f.

p. 27): „Son aïeul (le grandpère du Téghin Giogh), Kout-tho-louk Kieh-kin, traitait ses sujets avec une profonde humanité, et son fils (manquent 3 car. probablement: et petit fils l'imitaient). S'il n'en avait pas été ainsi, d'où leur serait-il venu cette excellence?" Unmittelbar vorher ist von den Verdiensten oder guten Eigenschaften[1]) des Urgrossvaters des Kültägin, I-ti-mi-ši-beg[2]) die Rede, im folgenden aber wird nur von Kültägins Verdiensten und Thaten gesprochen. PARKER[3]) hat offenbar an diesem Texte Anstoss genommen und bemerkt: „Turk history does not mention two Kutlugs. Possibly the word grandfather is mere „poetic license" for father!?" Diese Vermutung scheint mir allerdings höchst beachtenswert. Es muss vor allem auffallen, dass bei wörtlicher Auffassung der Grossvater des Kültägin, der uns sonst fast unbekannt ist, so hohes Lob ernten würde, sein Vater aber, der Gründer des neutürkischen Reiches, keines Wortes gewürdigt worden sein sollte. Letzteres erscheint angesichts der beiden alttürkischen Inschriften fast undenkbar. SCHLEGEL geht über die Schwierigkeit mit Stillschweigen hinweg, sieht aber gleichfalls p. 28 in dem hier genannten Kut-tut-luk den Vater des Kültägin.

Ist also der Ausdruck „Grossvater" mit PARKER hier als eine poetische Lizenz für „Vater" aufzufassen, so haben wir in Kieh-kin, alte Aussprache Kit-kin = *Kirkin[4]) wohl einen Titel des Qutluɣ zu sehen. Ich vermute, dass dies nur eine andere Schreibung des Titels Sse-kin ist, als dessen richtige Aussprache von den Chinesen K'i-kin angegeben wird[5]).

---

1) SCHLEGEL p. 22 übersetzt: 'sentiments de fidélité envers son souverain. PARKER bei THOMSEN p. 213: „the Beg İtimish's accumulation of (hereditary) good qualities".
2) So PARKER l. l. und Wassiljeff bei RADLOFF S. 168.
3) A. a. O. N. 9.
4) Vgl. SCHLEGEL, Kara Balgassun S. 11: Kit-kan (Kie-kan) = Kirkan.
5) PARKER bei THOMSEN p. 193, sowie HIRTH nach einer Mitteilung an Prof. BANG. — Ein ähnliches Verhältnis besteht zwischen den Titeln Sse-li-fa, nach den Chinesen zu sprechen K'i-li-fa bezw. K'i-li-pat (PARKER bei THOMSEN p. 193) und Kie-li-fa, alte Aussprache Kit-li-pat. Im Wei-šu und Sui-šu erscheint unter den tür-

Den Titel Kie-kin erkennen wir auch in dem Namen Kokio-kie-kin, den ein Häuptling der Jo-še-ši führt (a. 715)[1]). Kie-kin hiessen auch die Oberhäupter der Kirgizen[2]). Ist die Vermutung, dass wir in Kie-kin einen Titel vor uns haben, richtig, so würde dies gleichzeitig gegen die Identität des Qutluγ[3]) mit dem Qapγan und Älräs qaγan unserer Inschrift sprechen.

In der Inschrift Oa erzählt Tačam sodann seine eigenen Thaten. Allein auch hier gestatten die Lücken noch kein zusammenhängendes Verständnis. In Z. 1 ist offenbar von einem Siege über die Chinesen die Rede. In Z. 2 scheint mir der Sinn zu sein: „Mich nach (der Würde eines) Tängri Bilgä Chagan sehnend hatte ich Geist und Kraft geweiht". Z. 3 will offenbar besagen, dass die Unterthanen des Tačam, die ihm als Ältäräs Chagan treu geblieben waren, auch fest zu ihm standen, als er sich zum Tängri Bilgä Chagan aufgeschwungen hatte, wenn nicht ein Gegensatz zwischen dem Ältäräs Chagan und dem Bilgä chagan statuiert werden soll.

---

kischen Würdenträgern an vierter Stelle der See-li-fa (Journ. as. 1864, 1, 332. 351), im T'ang-šu aber findet sich daneben an vorletzter Stelle (vor dem Tarchan) auch noch der Kie-li-fa (eb. 2, 201). Die beiden Schreibungen scheinen also hier irrtümlich als zwei verschiedene Titel aufgefasst zu sein.

1) Journ. as. 1864, 2, 456: 'Ko-kio-kie-kin et Pi-si-kie-li, chefs puissants des Yo-che-chi'. Die meisten der dort genannten Namen sind wohl mit Titeln zusammengesetzt. Kie-li in Pi-si-kie-li ist wohl Abkürzung von Kie-li-fa (s. S. 46 Anm. 5), zu Mu-jong-tao-nu vgl. Mu-jong p. 419.

2) SCHLEGEL, Kara Balgassun S. 141.

3) Der Chagan Qutluγ ist natürlich nicht identisch mit dem Tegin Ko-to-lo, der vom Chagan Ši-pi-k'an im Jahre 618 [bei SCHLEGEL irrig 609] mit Geschenken an den chinesischen Hof geschickt wird (Journ. as. l. l. 200. 202), wie SCHLEGEL, Stèle funéraire p. 27 annimmt. Wer sein Grossvater, des Kültägin Urgrossvater (oder Ahnherr?), I-ti-miši beg war, ist noch unbekannt. Itmiš hiess der Wezir des Mamlukensultans Farag a. 1399 (DEGUIGNES IV 297). Bei SCHLEGEL p. 22—23 sind übrigens mehrere Zahlen zu berichtigen. Der Aufstand gegen Kieli, den To-li unterdrücken sollte, fand im Jahre 627 statt (Journ. as. l. l. 222 s.), nicht 600, und der Tod des Mik-tsoat im J. 716 (nicht 710). Ebendaselbst ist zweimal für Turcs occidentaux zu lesen Turcs orientaux. Kie-li regierte 620—630, † 634, nicht 620—644 (p. 26).

Unter dem Tängri bilgä qaγan ist also an beiden Stellen Tačam gemeint, nicht etwa der chinesische Kaiser.

Es ist eigentümlich, dass Ko-to-lo in Juliens Uebersetzung des Pien-i-tien niemals den Titel eines Chagans erhält. Auch sein Bruder und Nachfolger Me-č'ue wird zunächst nur als türkischer Häuptling bezeichnet, doch wird von ihm ausdrücklich berichtet, dass er den Titel Chagan annahm, den ihm die Kaiserin aber erst im Jahre 697 zuerkennen wollte[1]). Die nächste Sorge des Qutluγ musste sein, die beiden Horden der Türk, die Töläs und die Tarduš, wieder militärisch und politisch fest zu organisieren. Er ernannte deshalb seinen jüngern Bruder Mik-tsoat zum Šad (chin. Siet) der Tarduš, und seinen Bruder Tusik beg zum Jabγu der Töläs[2]).

In welches Jahr die I E 14, II E 12 erwähnten Feindseligkeiten gegen Baz qaγan, den Chagan der Toquz Oγuz zu setzen sind, ist bis jetzt nicht auszumachen. Man hat doch wohl vorauszusetzen, dass Baz qaγan, welcher beim Tode des Qutluγ diesem als Balbal aufgestellt wurde, in jenen Kämpfen gefallen war. Freilich ist es nicht leicht, ihn mit einem der bekannten Uigurenchagane zu identifizieren. Nach Schlegel, der den Tokkaitsi im Jahre 685 sterben lässt, könnte man an diesen oder seinen Sohn Fu-ti-fu (Bokti beg) denken. Allein nach Deguignes und Parker kam letzterer erst ein Jahr vor der Vernichtung der Bajyrqu durch Me-č'ue, also 715, zur Regierung[3]).

Nach einer Anzahl von Raubzügen nach China erwähnt Parker noch einen Zug des Qutluγ gegen die Türgäš, einen Zweig der Westtürken. Er starb aber im Laufe eines seiner Kämpfe im Jahre 691[4]). Darauf darf man vielleicht die Worte am Ende von Z. 3 beziehen, die Radloff übersetzt: „.... ist gestorben, die Leiche (banden sie) auf ein Pferd und sorgten für ihn". Freilich würden sie noch besser auf Me-č'ue passen.

---

1) Journ. as. l. l. 417 s. 421.
2) I E 13—14. II E 12. Vgl. Schlegel, Stèle funéraire 23. Parker p. 213.
3) Vgl. Schlegel, Kara Balgassun S. 2. Deguignes II 12. Parker a. a. O. 269.
4) Parker a. a. O. 213.

Ein Tačam wird auch auf dem schon 1721 entdeckten Obelisken am Flusse Uibat, in der Nähe des Tatarendorfes Tschirkoff in Südsibirien genannt. Es heisst hier Z. 4 der rechten Seiteninschrift (Tsch. M. b, 4 nach Radloffs Bezeichnung S. 341): „..... von einem Trefflichen, dem Tačam habe ich mich getrennt". Der hier bestattete Held hiess Kangamin-ärdüm bezw. Kanda-min-ärdüm oder Kaša-min-ärdüm (Tsch. M. c, 1) und führte den Titel Tarqan Šangun (a, 3). In der linken Seiteninschrift (a, 6) heisst es nun nach Radloff's Uebersetzung: 'Wegen der Arbeit des Balbal, des Türken-Chans, hat man unter dem Volke neun Männer, die Söhne kunstreicher Männer herbeigerufen und auserwählt für meinen trefflichen Fürsten'. Wenn Radloffs Auffassung dieser Zeile (s. 302/3. 434) richtig wäre, so hätte ihm der Türk-Chagan Tačam, in dessen Dienste er gestanden wäre, diesen Gedenkstein errichten lassen. Allein der Zusammenhang fordert, dass der b. 4 genannte Tačam dem Volke des hier Bestatteten angehörte. In a, 6 redet offenbar derjenige in erster Person, welcher seinem Fürsten dieses Denkmal errichtete[1]). Da aber b a l b a l sonst überall in Beziehung auf besiegte Feinde gebraucht wird, deren Standbild man als Siegeszeichen aufstellte[2]), so ergäbe sich der Sinn, dass der Türk-Chagan den Tarqan Šangun hier als Balbal aufgestellt hätte — was natürlich widersinnig ist. Es bleibt also nur die Auffassung übrig, dass man beim Grabmal des Tarqan Šangun einen Steinpfeiler, der einen von diesem besiegten oder getöteten Türk-Chagan darstellte, als Balbal errichtete. Nach a, 4 hat derselbe auch dem Äl-čur gedient, wofür Radloff S. 354a unnötigerweise Kül-čur vermutet. Äl-čur war wohl der Titel des b, 4 genannten Tačam. Die vierte Inschrift vom Uibat scheint auf Beziehungen zu den Oγuz (o k u z) zu weisen, wogegen der Held der dritten Inschrift von der Tuba bei den Türgäš gefallen ist (Radloff S. 344).

---

1) Der Wechsel der redenden Personen ist in dieser Inschrift besonders auffällig.

2) So wird es auch in der fünften Inschrift vom Uibat und der zweiten Inschrift von der Tuba (Radloff S. 342 f.) aufzufassen sein, wo aber beidemal nur bl erhalten ist.

Auch in einer der Inschriften am Choito Tamir liest RADLOFF den Namen des Tačam¹). Allein in dem Zinkdruck S. 266 ist das dritte Zeichen des Namens entschieden kein m, das zweite wohl ebenso wenig ein č. Für die endgiltige Lesung dieser Inschriften wird man bessere mechanische Reproduktionen abwarten müssen. Wer also der hier genannte „weise Fürst T..." ist, wissen wir vorläufig nicht. Auch die Ansicht RADLOFFS, die in der chronologischen Tabelle S. 423 zum Ausdruck kommt, dass die Inschriften am Choito Tamir aus der Regierung Qutluɣ's und dem Anfang der Regierung seines Bruders Meč'ue stammen, kann ich nicht teilen. Nr. 3 und 5 zeigen, dass diese Inschriften von Angehörigen des Türgäš volkes herrühren. In Nr. 1 ist von einem Zug gegen Bäš-balyq (Urumtsi) im Gefolge des Kül-čur der Tarduš die Rede. Dies setzt voraus, dass die Türgäš damals den Osttürken unterworfen oder doch heerespflichtig waren. Jener Zug gegen Bäšbalyq wird in Nr. 2, Z. 2 in den 9. Monat des Affenjahres gesetzt.

In Nr. 10, 1, 3 werden Züge erwähnt, die nach RADLOFFS Lesungen am 20. des siebenten ²) Monats des Affenjahres und im 9. Monat (?) eines unbekannten Jahres wie es scheint gegen die Chinesen ausgeführt wurden, und in Nr. 5 Z. 1 und 4 soll der siebente (jätinč) und neunte (??) Monat genannt werden. Doch sind die Lesungen hier äusserst unsicher, auch fehlt die Angabe des Jahres. In Nr. 7 wird sodann ein anderer Zug gegen Bäšbalyq erwähnt, der im 10. Monat des Schlangenjahres stattfand.

Der Zug des Qutluɣ gegen die Türgäš fällt offenbar gegen das Ende seiner Regierung. Selbst wenn es ihm aber auf demselben gelungen war, dieselben zur Heeresfolge zu zwingen, so kann doch keiner der in diesen Inschriften erwähnten Züge unter seiner Regierung stattgefunden haben. Denn das einzige Affenjahr, das in seine Regierung fällt, ist 684, also offenbar zu früh, ein Schlangenjahr ist 694, die nächsten Affenjahre sind erst 696 und 708.

Die (zweite) Unterwerfung der Türgäš fand 710/11 statt,

---

1) Ch. T. IX, 2 bei RADLOFF S. 267.
2) Nicht im fünften Monat, wie RADLOFF übersetzt.

im Jahre 716 aber erhob sich ein neuer Chagan So-lu, mit dem sich der Bilgä Chagan gut zu stellen suchte. Aus den chinesischen Quellen kennen wir nun zwei Züge der Türken gegen Bäš-balyq (Pe-t'ing): der eine fand im zweiten (chines.) Monat des Jahres 714 statt und endete angeblich mit einem völligen Misserfolg. Der Tegin Tonga ward vom Tu-hu Kwokien-kwan enthauptet [1]). Die zweite Expedition erfolgte dagegen im Herbste des Jahres 720, als der Chagan gegen die Basmyl zog und sie in Pe-t'ing, wohin sie sich geflüchtet hatten, angriff und sämtlich gefangen nahm. Das Jahr 714 ist nach dem Tiercyklus ein Tigerjahr, kommt also nicht in Betracht; dagegen ist das Jahr 720 wirklich ein Affenjahr, und wir dürfen wohl auf dieses unsere Inschriften beziehen. Im 9. Monat dieses Jahres machten die Türken auch Raubzüge in die Distrikte Kan-čóu und Juen-čóu und besiegten den Oberkommandanten von Liang-čóu, Jang-king-šu [2]). Die Türgäš hätten sich also an dem Angriff auf Pe-t'ing und den darauf folgenden Raubzügen nach China beteiligt. Der im Schlangenjahre ausgeführte Zug gehört dann ins Jahr 717. Für diese Datierung spricht auch die Nennung des Külčur der Tarduš Ch. T. I, 3, der gewiss mit dem Külčur gleichzusetzen ist, welcher an der Spitze der Tarduš-Bege dem Bilgä Chagan bei seiner Tronbesteigung (716) huldigt II S 13.

Sonst könnte wohl nur noch die Zeit des Me-č'ue in Betracht kommen. In diesem Falle wäre es möglich, dass die aus dem Schlangen- und Affenjahre datierten Züge in die Jahre 705 und 708 gehören würden. Freilich kann ich in den mir zugänglichen Werken unter diesen Jahren nichts darüber finden.

Fassen wir nun das Ergebnis unserer Untersuchung zusammen, so erhalten wir nachstehende Uebersicht der Geschichte vom Ende des ersten türkischen Reiches bis zum Tode des Bilgä Chagan. Da die Data zumeist nur nach Jahren des Bilgä Chagan bezw. des Kültigin angegeben werden und Jahr 1 des Bilgä Chagan zur einen Hälfte dem Jahre 684, zur andern

---

1) Journ. as. 1. 1. 454.
2) Journ. as. 1. 1. 461 fg. 466.

685 und ähnlich Jahr 1 des Kültägin zum grössern Teil 685 entspricht, ein Teil desselben aber wohl noch ins Jahr 686 fällt, so sind exakte Daten selten möglich. Statt der beigesetzten Jahre des Tiercyclus können also jeweils an und für sich auch die zunächst vorhergehenden in Betracht kommen. Einfache Jahre habe ich nur gesetzt, wo sie durch anderweitige Quellen oder durch nähere Bestimmungen gesichert sind, z. B. 706 Niederlage des Čača-sünki statt 705/6. Die in den Inschriften nicht ausdrücklich angegebenen oder ergänzten Daten sind in runde, unsichere Daten in eckige Klammern gesetzt.

	Jahre n. Chr.	Jahre des Tiercyclus	Alter des Kültägin	Alter des Bilgä Chagan	Monat oder Jahreszeit
Gefangennahme des Kie-li	(630)				
Ansiedlung von 300 türkischen Familien in Jün-čung unter dem Häuptling A-sse-te					
A-sse-te Wen-po erhält den Titel Šen-jü von Jün-čung [= S a d O 6?]	(664)				
Empörung des A-sse-te Wen-po und Fong-či, Erhebung des A-sse-na Nisuk beg zum Chagan	(679)	Hase			
Tod des Nisuk beg am Berge He-šan	(680)	Drache			
Gefangennahme und Tod des A-sse-te Wen-po und A-sse-na Fo-nien	(681)	Schlange			
Erhebung des Qutluγ (Ko-to-lo, = Tačam?) zum [Qapγan? und] Ältäräs Chagan [O 4?] I E 11 bis 13 = II E 10—12	(682)	Pferd			
Geburt des Mägrän (Bilgä Chagan).	684	Affe			
Geburt des Kültägin	685	Huhn			
[Erhebung des Tačam zum Tängri-bilgä-chagan O a 2—3?]					
Qutluγ's Bruder Mik-tsoat wird Schad der Tarduš, Tusik beg Jabγu der Töläs I E 13—14. II E 12					
Zug des Qutluγ gegen die Türgäš	(691?)	Hase			
Tod des Qutluγ [= Tačam O a 4 O b 4?] I E 30. II E 14	691/2	[Drache?]	7		8

	Jahre n. Chr.	Jahre des Tiercyklus	Alter des Kültägin	Alter des Bilgä Chagan	Monat oder Jahreszeit
Erhebung des Mägrän zum Schad der Tarduš (des Westens) II E 15	697/8	Hund		24 r. 14	
Zug des Mägrän gegen die Tangut II E 24	700/1	Maus		27 r. 17	
Zug des Mägrän und Kültägin gegen die Soγdyq der 6 Cub I E 31 = II E 24—25	701	Ochse	26 r. 16	28 r. 18	
Niederlage des Ong-Tutuq (Siangwang mit dem Titel 'An-pe Ta-Tu-tu) I E 31—32 = II E 25	(702)	Tiger	(17)		"
Unterwerfung des Ydyqut der Basmyl II E 25	703/4	Drache		20	
[Zug nach Bäšbalyq Ch. T. VII?]	705	Schlange			
Vernichtung der Chinesen unter Čača-sünki (Sa-č'a-čong-i) I E 32—34. II E 25—26	706	Pferd	31 r. 21	32 r. 22	
Besiegung des Uluγ-Ärkin der Jär-Bajyrqu I E 34	(706?)				
[Zug der Türgäš nach Bäšbalyq Ch. T. I. II. III?]	708	Affe			
[Zug gegen die Chinesen (?) Ch. T. X?]	708	Affe			
Krieg gegen die Čik und die Kirgizen. Besiegung der Čik II E 26	709/0	Henne		36 r. 26	
Besiegung und Tod des Chagans der Kirgizen I E 35—36. II E 26—27. I E 20 = II E 16—17	710/1	Hund	(36) (r.26)	37 r. 27	
Besiegung und Tod des Chagans der Türgäš I E 36—38. II E 27 bis 28. I E 18—19 = II E 16	711	"	" 37	"	
Aufstand der Qarluq I N 1	711/2	Schwein	r. 27		
Hilfsexpedition des Kültägin zu den Soγdyq I E 39	712	Maus	(28)		(Frühl.)
Besiegung der Qara Türgäš I E 39 Sieg über Qošu Tutuq bis I N 1	"	"	"		
Kriegszug gegen Bäšbalyq II E 28 Tod des Tägin Tonga II E 31	714	Tiger		30	(II)
Kämpfe gegen die Toquz Oγuz bei					

— 54 —

	Jahre n. Chr.	Jahre des Tiercyklus	Alter des Kültägin	Alter des Bilgä Chagan	Monat oder Jahreszeit
Toγu, bei Kušlyγ Aq, bei Bol.., an der Quelle des Čuš, bei Äzgünti Qadaz I N 4—8. II E 29 bis 31	714	Tiger			
Sieg über die Qarluq bei der geweihten Quelle des Tamaγ I N 1—2. II E 29	714/5		30	31	
Kämpfe gegen die drei Heerhaufen der Oγuz. Kültägin verteidigt die Ordu gegen die Oγuz. Zwei Siege des Chagans über die vereinigten Toquz Oγuz und Otuz Tatar I N 8—9. II E 31—34	(715)	Hase			
Die drei Qarluq-Horden unterwerfen sich China	"	"			
Sieg des Kültägin über die Reste der Qarluq am Qara Köl I N 2	715/6	"	41 r. 31		
Die Toquz Oγuz gehen nach China II E 34—35	716	Drache		33	
Tod des Me-č'ue [Tačam O a 3. 4. O b?]. Erhebung des Bilgä Chagan II E 35—36. I E 22—24 = II E 18—20	"	"		"	VI
[Zug nach Bäšbalyq Ch. T. VII?]	717	Schlange			X
Abermalige Flucht der Oγuz nach China. Der Bilgä Chagan bekriegt sie II E 38	717/8	"		34	
Krieg gegen die Tataby II E 39	(720)	Affe		(36)	(Herbst)
Zug des Tudun-Jamtar gegen die Qarluq II E 40	"	"			
Besiegung der Basmyl (?) II E 41	"	"			
[Zug der Türgäš nach Bäšbalyq Ch. T. I vgl. III. V?]	"	"			
[Zug gegen die Chinesen (?) Ch. T. X?]	"	"			(IX)
Sieg über die Chinesen II S 1	"	"			
Zug gegen die Qytai II S 2	721/2			38	
Zug gegen die Tataby II S 2	(722/3)			(39)	
Krieg gegen die Qytai und Tataby II S 3 (?)—7	(730)	Pferd		(46 od.47)	(III?)
Tod des Kültägin I N 10. I N E/ Gesandtschaft von Soγd u. Buchara	731	Schaf	47		

	Jahre n. Chr.	Jahre des Tiercyklus	Alter des Kültä-gin	Alter des Bilgä Chagan	Monat oder Jahres-zeit
Bestattung des Kültägin I N E	731				
Einweihung des Denkmals des Kültägin I N E	732	Affe			
Kämpfe gegen die Qytai und Tataby II S 7—9	734	Hund		50	
Tod des Bilgä Chagan II S 10	734	„		51	X
Totenfeier für Bilgä Chagan II S 10	735	Schwein		(13 + 19 + 19)	V

Erster Exkurs: Sogdiana.

Da eine Bearbeitung der reichen chinesischen Nachrichten über Zentralasien von berufener sinologischer Seite in Aussicht steht, so habe ich mich im Folgenden auf eine Zusammenstellung der notwendigsten Angaben für das Verständnis der politischen Gliederung von Sogdiana beschränkt, wobei ich eine Anzahl wichtiger Mitteilungen, die mir Herr Prof. HIRTH vor längerer Zeit gütigst zur Verfügung stellte, benutzen konnte.

Nach Hüan-čuang II 12 hiess das Gebiet vom Flusse Su-je (pers. سوياب Sūj-āb, jetzt Čui), bis zum Königreich Kie-šuang-na (alter Laut Kit-šuang-na, wobei t, wie oft, ein fremdes r vertritt, = skt. *Krçāna, arab.-pers. Kišš) ebenso wie seine Bevölkerung Su-li (alte Aussprache *Su-lik?). Dies ist die Pahlawīform Sūlīk (Pahl. Wend. 1, 14, ebenso zu verbessern Bund. 15, 29. 31, 19) für das einheimische Soγd, arab. السُّد, الصَّد, aw. Suγδa, ap. Suguda 'Sogdiana' [1]).

---

[1]) Eine andere Vereinfachung der Gruppe γδ haben wir in der armenischen Form Sōdikkʻ bei PS. MOSES CHOR., Geographie ed. Soukry, sowie in syr. ܣܘܕ Sōd, Ethnikon ܣܘܢܕܝܩܝܐ Sōndiqājē (für ܣܘܓܕܝܩܝܐ), in dem aus dem Pahlawī übersetzten syrischen Alexanderroman ed. Budge p. 202, 4. 204, 16. 251, 1. 253, 9. 204, 5. 10. 11. Vgl. NÖLDEKE, Beiträge zur Gesch. des Alexanderromans S. 15. Ebenso heisst die Stadt Σουγδαία auf der Krim arabisch سُوذاق, auf den italienischen Seekarten Sodaia, Soldaia, heute Sūdaγ (W. TOMASCHEK, Sogdiana 11 = SBWA. Bd. 87, 75. E. KUHN, Barlaam und Jousaph S. 86). Die Einwohner dieser Stadt erscheinen im cod. Paris. 1115 bei LIPSIUS, Die apokryphen Apostelgesch. I 567—569 (vgl. II 2, 430) als Σουγδαϊνοί. Ebenso auch KUHN a. a. O. S. 12 N. 1. — Auch im Namen der Stiefmutter des Sijāwachš, Sōtāpak (im Grossen Bundahišn bei DARMESTETER, Le Zendavesta II 402) d. i. Sōδ-āp-ak, np. سوذاب vermute ich aw. suγδa ‚rein‘ + āp-‚Glanz' also ‚reinen Glanzes'. Bei MAS. II 120 heisst sie سُغْدَى, was geradezu wie eine Arabisierung von سُغْداب aussieht. Gehört hieher auch سُغْدَبِيل in Georgien, von Chosrau Anōšarwān erbaut und angeb-

Nach dem Ts'ién Han-šu war K'ang-kitt (Sogdiana) in 5 kleine Königreiche geteilt ¹).

1) Su-hiai (alte Aussprache Su-git = Soγd?) mit der Hauptstadt Su-hiai-čing. Im T'ang-šu wird es mit Sï oder K'ia-ša, Kié-šuang-na d. i. Kišš, sanskritisiert *Krçāna gleichgesetzt ²). Ganz ebenso sagt Ibn al Faqīh ٣٣٣, 5 والسغد وهو كس "Soγd d. i. Kišš". Aehnlich wird bei Ja'qūbī, Geogr. ed. DE GOEJE p. ٢٩٩, 19 Kišš die Hauptstadt von Soγd genannt. Dagegen p. ٢٩٠, 5 rechnet Ja'qūbī zu den Städten der Provinz Balch im Norden ausser Dar-i āhanīn (dem Eisernen Tore) auch Kišš, Nachšab und eine sonst unbekannte Stadt Soγd, die wohl einem Missverständnis ihren Ursprung verdankt. Nach p. ٢٩٣, 6 jedoch gehören zu Soγd die Städte Dabūsija, Kušānija, Kišš und Nachšab. Auf jeden Fall ergibt sich aber aus diesen Nachrichten, dass Kišš zu irgend einer Zeit als das Hauptgebiet von Soγd betrachtet wurde.

2) Fu-me, mit gleichnamiger Hauptstadt, später mit dem Lande Ho gleichgesetzt ³).

lich mit Leuten aus Soγd (!) und Pārs besiedelt: Bel. ١٩٥, 2. Ibn Chord. ١٣٣. 9/10? Vgl. np. اردبيل Ardabēl, arm. Artavēt bei Levond (8. Jh.).

Die Ausstossung eines γ in Konsonantengruppen ist nicht selten, z. B. Marw neben Marγ, aw. Akkus. mourum d. i. *mourvəm (wie harōjūm = *harōivəm), ap. Marguš; Balāš, phl. Wulachš, arm. Walarš (mit Uebergang von γ in r), älter Walag(a)š, Ὀλαγάσης (Münzen), Οὐολογαίσης; phl. מגוש gesprochen moγpet (mit Epenthese), arm. mogpet, mowpet d. i. mōpet, np. موبد mōbüδ; فالدوسغان pačōspān, arm. patgosapan aus *patkōst-pān, *paδγōst-pān; phl. paitām aus *paγtām = *patγām, np. paiγām; جاندويه (in هرمز جاندويه، ابان جاندويه، بهمن جاندويه) gāδōi, phl. ğātakgōb d. i. ğātγōβ (mit parasitischem k), arm. ğatagow 'Fürsprecher' (vgl. HÜBSCHMANN, ZDMG. 46, 324 ff. Weiteres anderswo); جبووه Gabbūi al Chuwārizmi, Mafātīh al 'ulūm ١٣٠, 3 und oft in den Hss. für älteres جبغوه Gabγū, alttürk. Jabγu; داراورد Dārāward = دارابجد Dārābgerd; سهرورد Suhraward für Suhrāb-gerd, genauer Suhrāβγerd.

1) Vgl. DEGUIGNES, Gesch. der Hunnen I 75 f.
2) Mitteilung HIRTHS.
3) KLAPROTH, Magasin asiat. I p. 107.

3) Jü-ni (alter Laut Ku-nik) mit gleichnamiger Hauptstadt, am weitesten nach Osten zu gelegen.
4) Ki, später mit dem Lande An (Buchara) gleichgesetzt [1]).
5) 'Au-kian.

Am Ende der ersten Han-Dynastie, nach dem Tode des Usurpators Wang-mang war K'ang-kiü zwar mit China verbündet, aber unabhängig und nicht mehr dem Generalstatthalter unterstellt [2]). Im Jahre 84 n. Chr. zog der chinesische General Pan-čau mit den Truppen der Königreiche Su-le (Kâšghar) und Jü-t'ien (Chotan) gegen So-kiü (Järkand). Allein der Fürst von So-kiü sandte heimlich einen Gesandten an Čung, den König von Su-le, der seine Erhebung (a. 73 n. Chr.) den Chinesen verdankte, und bewog ihn durch grosse Versprechungen, auf seine Seite zu treten. Er zog nach Westen, um die Stadt Wu-tsi (offenbar in So-kiü) zu verteidigen. Darauf setzt Pan-čau den Čung ab und ernennt den Č'ing-ta zum König von Su-le, und beide ziehen nun mit den treugebliebenen Truppen aus, um Čung zu bekämpfen. Allein die K'ang-kiü sandten dem Čung eine auserlesene Truppe zu Hilfe, und Pan-čau konnte ihre Vereinigung nicht hindern. „Comme à cette époque venait d'avoir lieu récemment un mariage entre les familles souveraines des Yué-tchi et des Kang-kiu et que ces pays se trouvaient ainsi alliés, Pan-tchao envoya au roi des Yué-tchi des ambassadeurs qui lui offrirent des objets en soie brodée, en lui donnant à entendre qu'il ferait bien d'informer [de cette démarche] le roi du Kang-kiu. Ce dernier cessa aussitôt la guerre, retourna dans son royaume, emmenant avec lui Tchong. La ville Ou-tsi se soumit alors à Pan-tchao" [3]).

Nach dem Berichte des Wei-šu, dessen Entstehungszeit in das Jahr 437 n. Chr. zu verlegen ist [4]), waren folgende 9 Staaten von Fürsten regiert, die aus der Dynastie Čau-wu stammen:

1) K'ang (Samarkand), das Hauptgebiet.

---

1) ABEL RÉMUSAT, Nouv. mélanges asiatiques I 231.
2) SPECHT, Les Indo-Scythes. Journ. as. 1897, 2, p. 164.
3) SPECHT l. l. p. 184 s.
4) Mitteilung HIRTHS, dem ich auch die folgende Liste verdanke.

2) Mi, von ABEL RÉMUSAT mit ماىمرغ Maimurγ der arabischen Geographen identifiziert, nach Ma Twan-lin bei RÉMUSAT 1. l. I 233 auch Mi-mo, bei Hüan-čuang I 19 Mi-mo-kia genannt. Es hatte keinen König, sondern einen Fürsten aus der Familie Čau-wu, der von den Königen von K'ang abstammte und den Titel Pi-čue führte. Im Jahre 658 wurde Mi unter dem Titel 'südliches Mi' zu einem Distrikt zweiten Ranges erhoben und der König Čau-wu K'ai-čue zum Richter ernannt. In der Periode K'ai-juan (713—741) verlieh der Himmelssohn einem Sohne des Königs U-le-kia (Ghûrak) von Samarkand den Titel eines Königs von Mi [1]).

3) Sï (Kišš).

4a) Ho, südlich vom Na-mi (Zarafšān). Nach ABEL RÉMUSAT [2]) wurde dies Land auch Kiue-šuang-ni-kia genannt, bei Hüan-čuang II 20 K'iü-šuang-ni-kia d. i. sanskritisiert Kuṣānīka. Letzteres ist identisch mit dem كشانية Kušānija der Araber, np. كشانى Kušānī, mitteliranisch *Kušānīk, das einen eignen König hatte, der den Titel كشانيشاه Kušā-nīšāh führte [3]). In den Jahren 650—655 wurde Ho auf den Wunsch des Königs zu einem chinesischen Distrikt mit dem offiziellen Namen „Distrikt von Kwei-šuang" gemacht, offenbar weil man in dem Namen Kušānīk das alte Fürstentum Kwei-šuang der Jüe-či im Han-šu wiederzufinden glaubte. Der Fürst Čau-wu Po-ta ward zum Richter des Landes ernannt [4]). Kušānī wird von Istachrī ٣٣٣, 10 „die bestkultivierte Stadt von

---

1) ABEL RÉMUSAT, Remarques sur l'extension de l'empire chinois du côté de l'occident. Mém. de l'Acad. des Inscr. VIII, 95. Nouv. mél. as. I 231. 233.

2) Mémoires de l'Acad. des inscr. VIII, 1827, p. 93.

3) كشانية ist Arabisierung für Kušānī, wie دبوسية für Dabūsi, سارية für Sāri, هراة für Harē(w), da der Wortausgang auf einen langen Vokal oder Diphthong dem arabischen Sprachgefühl widerspricht.

4) Der Sohn eines كشانيشاه Tab. II ١٤٢٩, 3 an. 104 H., vgl. زرير (s. l.) Tab. II ١٩١٣, 12 a. 119 H., p. ١٩١٤, 2 (زرار(زرير) الكشانى lies) زرابن الكسىى falsch geschrieben.

Soγd, das Herz der Städte von Soγd" genannt. Den Namen Ho hat bereits Tomaschek[1]) richtig mit dem aw. Gaom jim Suγδōšajanəm Wend. 1, 5. jt. 10, 14 (vgl. Chnəntəm jim Wəhrkānō-šajanəm Wend. 1, 12) gleichgesetzt. Es entspricht dem arabischen قَیْ (wohl قَیْ Qaij), einem Distrikt in Soγd (Ibn Ḥauqal ۳۷۴), der gleichfalls als „das Herz von Soγd" bezeichnet wird. Im Jahre 102 H. (720/1) wird ein Fürst von قَیْ namens نرك خاقان erwähnt[2]). Die Einwohner wanderten im Jahre 103 H. (721/22) nach Chogand aus[3]). Der Distrikt ist wohl nach dem gleichnamigen Kanal (Ibn Ḥauqal ۳۷۰, 7) benannt, dessen Thal das kultivierteste in ganz Soγd war und die dichteste Bevölkerung und die festesten Schlösser besass.

Zur Wiedergabe des iranischen g durch ک vgl. zu B. قُرْزُمانْ, Ja'qûbī, Geogr. ۲۸۷, 10 für كرزبانْ oder جرزوانْ Gurziwān; قَنْدُهار Gandhāra und قَنْدْهار, j. Kandahār, benannt nach dem sakisch-parthischen König Gundophar? تَنْدَابيل = Gandāwā[4]) etc. Aw. Gawa verhält sich zu vorauszusetzendem sogdischem γai wie np. کی Kai zu aw. Kawa, arab.-np. جَیْ Gai zu gr. Γάβαι, vgl. auch رَى Rai zu aw. Raγa, ap. Ragā, (aber arm. Rē).

4b) Ts'au am Zarafšān. Es hatte ebenfalls ursprünglich keinen eignen König, sondern war von K'ang-kiü abhängig und wurde vom Sohne des Königs von K'ang-kiü, Niau-kian regiert. Später zerfiel es in drei Ts'au: das mittlere Ts'au (Cong Ts'au), nördlich von Samarkand, mit der Hauptstadt Kia-

---

1) Centralasiatische Studien I. Sogdiana S. 96 = SBWA. Bd. 87, 160.
2) Tab. II ۱۴۲۲, 16. ۱۴۲۵, 13.
3) Tab. II ۱۴۴۱, 4. ۱۴۴۵, 3. ۱۴۴۹, 11.
4) Ueber das sogdische γ sagt Moqaddasi ۳۳۵, 14: Die Einwohner von Samarkand verwenden den Buchstaben, welcher zwischen Käf und Qāf in der Mitte steht, und sagen z. B. ba-γarday-am (ich habe gemacht), ba-γuftaγ-am (ich habe gesagt) und dgl.

ti-čin¹), von Tomaschek²) mit Hüan-čuangs Kie-pu-ta-na, dem كبولنجكت der arabischen Geographen, gleichgesetzt; das westliche Ts'au (Si-Ts'au) mit der Hauptstadt Se-ti-hen, arab. اشتیخن Istēchan oder اشتناخنج Istēchang³) nördlich von Sse-ki-po-lan, arab. اسكیفغن; das östliche Ts'au (Tong-Ts'au), das auch Tu-tu-ša-na, Su-tui-ša-na, Su-tuši-ni genannt wurde⁴), bei Hüan-čuang II 17 Su-tu-li-sena, arab. اسروشنة, Ist. ۳۱٥, 8 cod. O سنترشنه für سنتروشنه Sutrūšana. Das T'ang-šu identifiziert Su-tui-ša-na mit dem Lande Ta-Jüan der Han. Usrūšana wird von Baber dem heutigen Ura-tübü gleichgesetzt.

5) 'An (Buchārā), zur Zeit der ersten Wei Nióu-mi genannt⁵), alter Laut *Nu-mit? Noch in der ältern Chalifenzeit hiess die Hauptstadt von Buchara نومشكت oder نومجكت Nūmiğ-kat⁶). Der spätere Name des Gebietes war Puho⁷) = *Pu-hat, Buchārā, mitteliranisch *Buchārāk = alttürkisch Buqaraq. 100 li gegen NO. lag das östliche 'An, 100 li gegen SW. Pi d. i. Pai-kand.

6) Siau-'An (klein Buchara). Dieses Reich wurde auch östliches 'An oder Ho-ši⁸) genannt und lag nördlich vom Flusse Na-mi. Nach Osten waren mehr als 200 li bis zum Flusse, und gegen SW. 400 li nach Gross-'An. Die Hauptstadt hiess Ho-han, auch Jo-kin genannt. In den Jahren 656—660 wurde Jo-kin zum Distrikt von Mu-lan erhoben und der König Čau-wu Pi-si zum Richter ernannt⁹). Dieses Gebiet entspricht dem Rustāk خرغانة العلبا Ober-Charγān in

---
1) Rémusat, Nouv. mél. asiat. I 237.
2) A. a. O. 85. — Nach Ma Twan-lin bei Rémusat p. 235 wäre Kieïpu-tsiū-na ein andrer Name für Sutrušana.
3) Ja'qūbi, Geogr. ۳۲۸٠ 17. ۳۴۴, 18. Tab. III ۱۴۴, 12. ۳۹۹, 14.
4) Abel Rémusat l. l. I 235, 203. Vgl. Tomaschek a. a. O. 52 ff.
5) Rémusat l. l. I 231.
6) Tab. II ۱۱۸۹, 13. ۱۱۹۴, 14. ۱۱۹٥,2. Belādh. ۴۴٠, 11. Schefer, Chrestom. pers. I ۳۳. Moqadd. ۳۴٧, ann. b.
7) Rémusat l. l. 231; ebenso Hüan-čuang II 21.
8) Fehler für Ho-han, wie auch Hüan-čuang II 20 hat.
9) Rémusat l. l. 232.

Buchara [1]), der ausserhalb der grossen Ringmauer lag, welche das ganze Kulturgebiet von Buchara einschloss (Ist. ٣٠٥, 10).

Der Vorort dieses Gaues, خَرْغَانْكَتْ Charγān-kat 'Haus von Charγān' lag gegenüber von Karmīnija (j. Kärmīne), 1 Par. entfernt jenseits des Stromes [2]), bei مَذْيَامَجْكَتْ Maδjāmaǧkat (Ist. ٣۴٢, 12). Ausser diesem oberen gab es noch ein unteres Charγāna, das innerhalb der äussern Mauer rechts d. i. östlich von Wardān oder Wardāna lag [3]).

Hüan-čuang kennt noch ein Fürstentum Fa-ti, chinesisch Si-'an 'das westliche 'An', 400 li westlich von Pu-ho auf dem Wege nach Chwārizm (Ho-li-si-mi-kia d. i. skt. *Hōrismīka = mitteliranisch *Chwārizmīk, armen. Chorozm), das bisher nicht identifiziert werden konnte. Allein nach der Biographie des Hoei-li p. 61 war Fa-ti nur 100 li westlich von Pu-ho. Von da waren es 500 li westlich [4]) nach Ho-li-si-mi-kia. Nimmt man die Lesart der Biographie an, so ist es möglich, Fa-ti mit Wardān oder Wardāna zu identifizieren, das am Kanal Šāpūr-kām lag [5]). Dieses war ein alter Fürstensitz und galt sogar für älter als Buchara. Man führte seine Gründung später auf einen Sasanidenprinzen Šāpūr, einen Sohn des 'Kisrà' zurück, der sich mit seinem Vater entzweit habe und dann nach Buchara gekommen sei, wo er den Kanal Šāhpūr-kām 'Wunsch des Šāhpūr' angelegt habe [6]).

Von ihm stammte nach Naršachī der König von Wardān mit dem Titel Wardān-chuδāh, 'Herr von Wardān', der im Jahre 89 H. (707/8) als König von Buchara bezeichnet

---

1) Ist. ٣١., 3. Ibn Ḥauq. ٣٥٩, 6.
2) Ist. ٣١٣, 11. ٣١۴, 4. ٣١٩, 3.
3) Ist. ٣٠٩, 13. Tab. II ١١٩٨, 8, u. 89. Hier ist der Name خَرْقَانَهْ und in einem Verse خَرْقَان geschrieben.
4) So die Biographie; bei Hüan-čuang falsch 'südwestlich'.
5) Ist. ٣١., 6. Naršachī bei Schefer, Description historique et topographique de Boukhara p. ٣., 5.
6) Narš. l. l. ١۴, 3 ff. ٣., 5 ff.

wird¹). Qotaiba b. Muslim zog in den Jahren 89 und 90 H. gegen ihn, worauf er zu den Sogdiern, den Türken und den umliegenden Staaten um Hilfe sendet. Der König von Soγd, Tarchūn, sowie der Chāqān und sein Sohn erscheinen denn auch persönlich²). An Stelle des Chāqāns nennen Naršachī p. ff, 6 und Jaʿqūbī, Hist. II ٣f٢ den كوربغانون, einen Schwestersohn des Kaisers von China, der bereits im Jahre 88 H. bei Buchara gegen Qotaiba gefochten hatte³). Als Buchārāchuδāh wird von Jaʿqūbī خنك خذاه¹) Chang chuδāh genannt, der auch bei Naršachī ١٥, 19 begegnet. Es scheint daher, dass dieser mit dem Wardān-chuδāh identisch ist, obgleich beide bei Naršachī ff, 6 neben einander genannt werden. Sein Sohn شوكر wird im Jahre 104 H. neben dem Chwārizmšāh und dem Herrscher von Achrūn als Bundesgenosse der Araber genannt⁵). Nach dem Tode des Wardān-chuδāh machte Qotaiba den Tuγšāδa zum Buchārāchuδāh⁶).

7) Na-so-po (Nachšab). In den arabischen Kriegsberichten wird es gewöhnlich zusammen mit Kišš genannt. Im Jahre 91 H. (709/10) wurde es zusammen mit Kišš von Qotaiba erobert. In den Jahren 112 H. und 117 H. (730 und 735 n. Chr.) treffen wir den الاشكند als Fürsten von Nachšab (Tab. II ١٥f٢, 8. ١٥vf, 11. ١٥٨٥, 1), der im Jahre 119 H. (737 n. Chr.) als Heerführer des Chāqāns So-lu erscheint und dabei als Spahbed von Nasaf⁷) bezeichnet wird Tab. II ١٥٩v, 17. 18.

8) Wu-na-o, westlich vom Oxus, im alten Lande der ʾAn-si. Der König führte den Titel Fo-ši. Die Hauptstadt

---

1) Tab. II ١١٩٨, 6. ١١٩٩, 1. ١٢٠١, 9. 12.
2) Tab. II ١٢٠٣, 12. ١٢٠١, 12. Jaʿqūbī, Hist. II ٣f٢.
3) Tab. II ١١٩٥, 13.
4) So ist gemäss Naršachi zu lesen.
5) Tab. II ١ff v, 4, wo mit cod. B zu lesen ist شوكر بن خنك.
6) Naršani ٣., alt.
7) So نسف ist zu lesen für das نسان von cod. B; in BM und O fehlt der Name.

hatte nur 2 li im Umfang; die Truppen, die der König unterhielt, betrugen einige Hundert Mann. Gegen Nordosten, bis zum Reiche 'An, waren 500 li, nach SW. bis zum Königreiche Mu 200 li und darüber. In der Periode Ta-niei der Sui (605—616) kam eine Gesandtschaft aus diesem Lande mit Geschenken an den Hof.

9) Mu, dessen Hauptstadt gleichfalls westlich vom Wuhiü (Oxus) lag. Dieses Land bildete ebenfalls einen Teil des einst von den 'An-si (Parthern) bewohnten Landes. Der König führte den Titel A-lan-mi. Seine Hauptstadt hatte nur 3 li im Umfang, und er hatte 2000 Mann Truppen. Man rechnete 500 li nach Nordosten bis zum Lande 'An, und 200 li gegen Osten bis nach Wu-na-o, gegen Westen aber mehr als 4000 li bis zum Königreich Persien. Auch von diesem Lande kam in der genannten Epoche Tribut an den Hof von China [1]).

Schon der geringe Umfang der Hauptstadt (3 li) würde es verbieten, in Mu die glänzende Hauptstadt des sasanidischen Chorāsān, Marw-i šāhigān 'das Königliche', zu erblicken, wie man dies seit RÉMUSAT allgemein gethan hat. Dazu kommt die lautliche Schwierigkeit, chin. Mu mit Marw oder Marγ in Uebereinstimmung zu bringen, vor allem aber die historische Unmöglichkeit, die uns hiemit zugemutet wird, in Merw, welches mindestens seit Bahrām Gōr (ca. 427) der Sitz des persischen Generalstatthalters von Chorasan, des „Marzpāns der Kūšānmark" war, im 5. und 6. Jahrhundert eine fremde, von den Sasaniden unabhängige Dynastie residieren zu lassen [2]). Eher wäre dann noch an Marw-i-rōδ zu denken, welches hart an der iranisch-kušanischen Grenze (die von Tālakān gebildet wurde) lag und im 5. Jh. einen beständigen Zankapfel zwischen den Kušan bezw. Chioniten und Hephthaliten einerseits und den Sasaniden andrerseits bildete. Allein dies würde zu weit südlich liegen. Ich möchte deshalb in Mu das wichtige Amul, mit Mouillierung auch Āmūi آموي, das heutige Čārǧūi westlich vom Oxus sehen, das in der Chalifenzeit wie heute den

---

1) ABEL RÉMUSAT, Nouveaux mél. asiat. I 233 s. DEGUIGNES I 80.
2) Vgl. hierüber meinen noch ungedruckten Kommentar zu Moses Chorenacis Beschreibung von Iran.

Uebergang über den Oxus beherrschte. **Wu-na-o** darf man dann vielleicht mit dem Gau اندخوذ **Andchōδ** Jāq. I ٣٧٢, اندخذ Ibn Ḥauq. ٣٢٢, 9. 14, arabisch auch أَنَّخَذ **Anchuδ** Ist. ٢٧٠, 11 und النَّخذ **an-Nachuδ** Ibn Chord. ٣٢, 5. Tab. II ١٠٩٦, 3. Ibn Ḥauq. ٣٢١, ult. gleichsetzen, dessen Vorort Usturg اُشنرج oder ähnlich hiess. Es ist das heutige Andchūi. Bei Ibn Chordāδbih ٣٢, 5 wird an-Nachuδ noch als besonderes Gebiet n e b e n Pārijāb (Jahūdīja, jetzt Maimana) und Gōzgān aufgeführt, später gehörte es aber zu Gōzgān.

Ausgeschlossen von den Čau-wu-Besitzungen sind um die Zeit der Wei: Šī (Taschkend), Farɣāna und Chwārizm [1]).

Ueber den Ursprung der Čau-wu-Dynastien findet sich ein sehr wichtiger Bericht im W e i - š u Kap. 102 p. 21. Hier wird von den Fürsten von Samarkand (K'ang) gesagt: „Seit der Zeit der Han regierte dieses Haus in ununterbrochener Erbfolge; der Familienname des Fürsten ist W ö n und sie selbst sind Jüé-či, (Kušan), die früher in der Stadt Čau-wu im Norden des Ki-lién-šan wohnten. Um zu zeigen, dass sie ihrer Heimat wohl eingedenk waren, brachten die Fürsten von Samarkand und der umliegenden Gebiete die Thatsache, dass sie, von den Hiung-nu geschlagen, nach Ueberschreitung des Tsungling von diesen Ländern Besitz ergriffen und ihre Trone mit Fürsten versehen hatten, dadurch in Erinnerung, dass sie den Geschlechtsnamen Č a u - w u annahmen." Die Stadt Čau-wu, die bei PLAYFAIR, C i t i e s a n d T o w n s o f C h i n a nicht erwähnt ist, lag im Bezirk Čang-jé, der Gegend des heutigen Kan-čóufu entsprechend, und wird im Ts'ien-han-šu (Kap. 28 B p. 3) erwähnt. Sie wurde laut Scholie unter Wang-mang (9—23 n. Chr.) in K'ü-wu umgetauft, erscheint aber unter den späteren Han wieder als Kreishauptstadt unter ihrem alten Namen. Nach dem historisch-geographischen Werke Li-taiti-li-čï-jün-pién (Kap. 13, p. 8) lag das alte Čau-wu im Nordwesten des heutigen Čang-jé-hién, d. i. Kan-čóu-fu. Im

---

[1]) Diese Notiz und der folgende Absatz nach Mitteilung HIRTHS.

Šön-si-t'ung-či (zitiert im T'u-šu-tsi-č'öng b, Kap. 578, hui-k'au 2 p. 1) wird von einer „alten Stadt des Stammes Jüan" (yüan-šï ku č'öng) gesprochen, die, im NW. von Kančóu gelegen, unter den Han Kreishauptstadt gewesen und auch „Stadt Cau-wu" genannt worden sei. Der Fluss von Čang-jé (d. i. Kan-čóu) wurde auch Fu-jüan-šui genannt. Die Stadt Čau-wu, die von den Nachkommen der Jüe-či als ihre alte Hauptstadt vor der grossen Wanderung betrachtet wird, dürfte demnach an dem hier Fu-jüan-šui genannten Flusse von Čang-jé (d. i. Kan-čóu) gelegen haben, d. i. vermutlich innerhalb des heutzutage von der grossen Mauer eingeschlossenen Gebietes, da der Fluss ausserhalb der Mauer das Gebiet von Čang-jé-hién verlässt.'

Die Nachricht des Wei-šu, dass die Fürsten von Samarkand seit der Zeit der Han in ununterbrochener Erbfolge regierten und von den Jüe-či (Kušan) abstammten, bringt HIRTH mit der oben wiedergegebenen Erzählung des Hóu-Han-šu zusammen, wornach die Fürsten von K'ang-kiü (Samarkand) sich um 84 n. Chr. mit dem Fürstenhaus der Jüé-či verschwägert hatten. Bei dieser Gelegenheit hätten sie also den Familiennamen Cau-wu angenommen. Der damalige Fürst der Jüé-či (Kušan) war nach SPECHT[1]) Kióu-tsióu-k'io, der die vier übrigen Fürstentümer der Jüé-či unterwarf, Kau-fu (Kabul) eroberte und Po-ta und Ki-pin (Kapiśa) vernichtete. SPECHT identifiziert diesen König mit Kaniṣka, den er mit Recht in dieselbe Zeit setzt, und dazu stimmt vorzüglich, dass Kaniṣka auf der Stele von Manikjāla das Epitheton Guṣaṇavaṃśasaṃvarddhaka 'Vergrösserer der Macht des Kušanstammes' erhält[2]). Seine Vorgänger herrschten wahrscheinlich nur über die Fürstentümer Kwei-šuang (Kušan, KOÞANO) mit der Hauptstadt Hutsau, Hi-t'ün mit der Hauptstadt Po-mau (wahrscheinlich Parwān) und Tu-mi, die südlich vom Hindukuš lagen[3]). Kau-fu

---
1) Journ. as. 1897, 2, 183.
2) SENART, der zuletzt diese Inschrift behandelt hat (Journ. as. 1896, 1, p. 5—25), bezieht den Ausdruck auf den Stifter des Stūpa, den General Laladoḍa und hält p. 12 auch die Auffassung 'issu de la race des Koushans' für möglich.
3) Näheres anderswo.

war zuerst unter Indien (T'ien-ču), dann unter Ki-pin und zuletzt unter den 'An-si (Parthern) gestanden, und wurde den letztern erst durch Kióu-tsióu-k'io entrissen, als derselbe die 'An-si angriff[1]). Ein Krieg gegen 'An-si wird aber gerade von Kaniṣka in einer buddhistischen Legende, die sich in einer im Jahre 472 n. Chr. ins Chinesische übersetzten buddhistischen Schrift findet, berichtet, nur dass in der Legende der König von 'An-si der Angreifer ist, aber durch Kaniṣka eine fürchterliche Niederlage erleidet[2]). Offenbar sind hier die sogenannten Indoparther gemeint, d. h. die Nachkommen des Königs Gondophares aus dem parthischen Hause Sūrēn, welche seit Gondophares die Succession in den von den iranischen Saken beherrschten Ländern Sakastane (= Paraitakene, im alten Drangiana), Arachosien oder Weissindien, dem westlichen Pangāb und Sindh angetreten hatten, aber um diese Zeit durch inneren Hader bereits sehr geschwächt waren[3]). Ihrem Reiche wurde

---

[1] Hóu Han-šu bei SPECHT, Études sur l'Asie centrale p. 9. 10. — Ueber die Frage, wie es kommt, dass Pan-ku, der Verfasser des Ts'ien-Han-šu (ca. 92 n. Chr.) Kau-fu als das fünfte der Fürstentümer der Jüé-či aufführt (bei SPECHT p. 7), wofür er denn auch vom Verfasser des Hóu-Han-šu getadelt wird (ib. p. 10), mögen sich doch die Sinologen einmal äussern, anstatt mit Stillschweigen daran vorbei zu gehen. Ich denke, Pan-ku schildert hier den Zustand, wie er zur Zeit der Züge seines Bruders Pan-čau nach Zentralasien (seit 84 n. Chr.) eingetreten oder bekannt geworden war.

[2] SYLVAIN LÉVI, Notes sur les Indo-Scythes. Journ. as. 1896, 2, 479.

[3] Periplus maris Erythr. § 38 ἡ μητρόπολις αὐτῆς τῆς Σκυθίας Μιν-ναγάρ· βασιλεύεται δὲ ὑπὸ Πάρθων, συνεχῶς ἀλλήλους ἐκδιωκόντων. Vgl. den anonymen Geschichtsabriss im Anfang des griechischen Agathangelos § 2: ὁ δὲ τὸν τρίτον βαθμὸν ἔχων τῇ τῶν Ἰνδῶν πλησίον ὄντων Περσῶν ἐβασίλευσεν. Ueber die Abstammung des Gondophares s. meine Beiträge zur Geschichte und Sage von Eran. ZDMG. 49, 636 f. — Wenn LÉVI den Mazdai der Thomasakten mit dem König BAZOΔHO oder BAZΔHO der Münzen, auf den Inschriften Vāsudeva identifizieren will, um darauf eine neue Chronologie zu bauen (Journ. as. 1897, 1, p. 36 n.), so ist dies schon vom rein sprachwissenschaftlichen Standpunkte aus ein Salto mortale, muss aber auch aus andern Gründen als höchst unglücklich und leichtsinnig bezeichnet werden. Wollte LÉVI die apokryphen Thomasakten historisch verwerten, wogegen ich durchaus nichts einzuwenden habe, so musste er sich als Philologe doch zuerst über das gegenseitige Verhältnis der verschiedenen Texte, vor allem des syrischen und griechischen informieren. Da nun von denjenigen

dann, wenigstens in Indien, durch Kaniṣka und seine Nachfolger ein Ende gemacht.

Dazu stimmt denn auch, dass der Periplus des erythräischen Meeres (um 75 n. Chr.) von einem indischen Grossreich der Kušan noch nichts weiss, sondern das Reich der Βακτριανοί d. i. der Kušan erst jenseits von Gandhāra und Puṣkalāvatī (Προκλαΐς) beginnen lässt[1]). Die Eroberungen des Kaniṣka im Osten, Westen und Süden fallen also n a c h der Abfassung des Periplus.

Diese Feststellung ist hier nicht überflüssig, denn sie gestattet uns nun, für den Familiennamen Čau - wu der Jüé-či ein zeitgenössisches Zeugnis zu erbringen. Auf Kupfermünzen des zweiten[2]) numismatisch bekannten Kušanfürsten Kozulo-

---

Gelehrten, welchen hier ein Urteil zusteht, anerkannt wird, dass der syrische Text das Original ist, so muss selbstverständlich von den syrischen Formen ausgegangen werden. Indem ich Weiteres einer besondern Abhandlung vorbehalte, will ich Lévi vorläufig nur verraten, dass unter dem König Mazdai der Partherkönig und Erbfürst von Hyrkanien und Karmanien Gotarzes gemeint ist, und dass dessen Sohn Wēzan ܘܙܢ Οὐαζάνης und seine Gemahlin Manēšar Μνησάρα nicht bloss dem Namen, sondern auch der Person nach identisch sind mit Gōdarz' Enkel Wēžan und dessen Gemahlin Manēža = phl. Manēčak im Epos (syr. ܡܢܝܫܘ ist ein Fehler für ܡܢܝܫܟܘ Manēšak).

1) Periplus maris Erythraei § 47 bei C. Müller, Geogr. Gr. min. I 292: Ἐπίκειται δὲ τοῖς Βαρυγάζοις κατὰ τὰ μεσόγεια πλείονα ἔθνη, τό τε τῶν Ἀρατρίων καὶ Ἀραχωσίων (cod. Ῥαχούσων) καὶ Γανδαραίων καὶ τῆς Προκλαϊδος, ἐν ᾗ ἡ Βουκέφαλος Ἀλεξάνδρεια. Καὶ τούτων ἐπάνω μαχιμώτατον ἔθνος Βακτριανῶν, ὑπὸ βασιλέα ὄντων ἰδιότοπον. So wird also auch von dieser Seite her das Ergebnis von Boyer's schöner Abhandlung 'Nahapâna et l'ère Çaka' (Journ. as. 1897, 2, 120 ss.) bestätigt, dass die im Jahre 78 n. Chr. beginnende Saka-Ära unmöglich, wie fast allgemein geglaubt wird, von der Königsweihe (abhiṣeka) des Kaniṣka in Mathurā ihren Ursprung haben kann.

2) Wenn wir den Münzherren als den ersten Kušanherrscher anzusehen haben, auf dessen Silbermünzen man ΤΥΡΑΝΝΟΥΝΤΟΣ ΗΙΑΟΥ | ΣΑΝΑΒ ΚΟΠΑΝΟΥ d. i. ΚΟΡΡΑΝΟΥ oder ΚΟΡΣΑΝΟΥ bezw. auf den Obolen ΜΙΑΟΥ ΚΟΡΣΑΝΟΥ liest. Der wirkliche Name dieses Königs hat sich bis jetzt nicht feststellen lassen. Auf einer seiner Kupfermünzen liest Cunningham in Kharoṣṭhīschrift den indischen Titel devaputra, den er als Uebersetzung des einheimischen Titels ΣΑΝΑΒ oder ΣΑΝΑΟΒ auffasst, welchen er mit dem Titel der Hunnenfürsten, Šen-jü, vollständig Teng-li Ku-tu Šen-jü identifiziert. Näher läge aber laut-

Kadphizes, des zweiten Vorgängers des Kanēški oder Kaniṣka, die derselbe wohl als Vasall des letzten Griechenkönigs Hermaios prägen liess, lesen wir auf der Vorderseite die griechische Aufschrift ΒΑΣΙΛΕΩΣ ΣΤΗΡΟΣΣΥ ΕΡΜΑΙΟΥ, darunter auf einem Exemplar noch ΖΑΕΟΥ [für ΖΑΟΟΥ][1]). Das zweite Wort dieser Legende στηροσσυ, das auch auf gewissen Kupfermünzen des Hermaios erscheint und hier dem mahatasa der Kharoṣṭhīlegende entspricht, fasst RAPSON JRAS. 1897, 319—322 als Transskription eines synonymen Präkritwortes *sterassa = Pāli therassa, skt. sthavirasja auf. Auf der Rückseite findet sich eine indische Legende in Kharoṣṭhīschrift: Kug̃ulakasasa Kuṣanajavugasa dh'ramaṭhidasa (= skt. dharmasthitasja)[2]). Die von diesem König allein geprägten Kupfermünzen zerfallen in 3 Klassen. Die erste Klasse zeigt auf der Vorderseite die griechische Legende ΚΟΖΟΥΛΟ ΚΑΔΦΙΖΟΥ ΚΟΡΣΝΑ mit Varianten, auf der Rs. die Kharoṣṭhilegende Kug̃ulakasasa Kuṣanajavugasa dhramathitasa. Auf einem Exemplar lauten die Legenden ΚΟΖΟΥΛΟ ΚΑ....... ΚΟΡΣΑΝ, auf der Rs. Kujulakasasa Kuṣana Javuasa[3]). Die zweite Klasse zeigt auf der Vs. die Aufschrift ΚΟΖΟΛΑ ΚΑΔΑΦΕΣ ΧΟΡΑΝΣΥ ΖΑΟΟΥ, auf der Rs. Khuṣanasa Jaüasa Kujula Kaphsasa dhramathitasa[4]). Bei der dritten Klasse endlich[5]) ist die grie-

---

lich und sachlich der Titel der Könige von Tibet, Dziampu 'unumschränkter König', chines. Tsan-pu (DEGUIGNES, Gesch. der Hunnen, Ergänzungsbd. 205. I 582. SCHLEGEL, Kara-Balgassun 42 N. 2), da die Jūé-či ja aus Tibet stammten. Vgl. PERCY GARDNER, The coins of the Greek and Scythic kings of Bactria and India Pl. XXIV, 7 und p. 116. ALEX. CUNNINGHAM, Coins of the Sakas. Num. Chron. 1890, Pl. XII, 1—3 und p. 111—114. 155—156. Coins of the Kushāns, or Great Yue-ti. Num. Chron. 1892, p. 40. RAPSON, Indian Coins § 85 p. 9 und Pl. II 1. Grundriss für indoarische Phil. II 2 b.

1) S. PERCY GARDNER l. l. p. 121 nr. 11.
2) GARDNER l. l. Pl. XXV, 1. 2 und p. 120—121. AL. CUNNINGHAM, Num. Chron. 1892, Pl. IV, 3 und p. 64. RAPSON, Indian Coins Pl. II 7. Zur Lesung vgl. OTTO FRANKE, ZDMG. 50, 602. 604.
3) GARDNER Pl. XXV, 3. 4. CUNNINGHAM l. l. Pl. IV, 4—6.
4) GARDNER Pl. XXV, 5 u. p. 123. CUNNINGHAM l. l. Pl. IV, 7 u. p. 65.
5) Ich nehme an, dass diese Klasse demselben Münzherrn angehört, wie die beiden ersten.

chische Legende der Vs. verdorben und unleserlich, die der Rs. lautet hier auf den verschiedenen Exemplaren **Maharajasa rajarajasa devaputrasa Kujula-kara-kaphsasa, Kujula-kara-kapasa maharajasa rajatirajasa, Maharajasa mahatasa Kuṣana Kuja [la Kaphasa], Maharagasa raga[tiragasa Kujula Kaphasa]**[1]).

Das dritte Wort der griechischen Legende der zweiten Klasse, XOPANΣY hat Rapson als Umschreibung einer dem **Khuṣanasa** der Rs. entsprechenden einheimischen Genitivform (Prâkrit) erklärt, wie das obige στηροσσυ. Das letzte Wort ZAOOY entspricht also dem Genitiv **jauasa, javuasa** oder **javugasa** der Kharoṣthilegende, in welcher der Palatal **g̃** durch **j** ausgedrückt ist, wie in **rajarajasa** etc. auf den Münzen der 3. Klasse, und wie in Ajiliṣasa und Ajasa gegenüber griech. AZIΛIΣOY und AZOY[2]). Der Ausdruck **Kuṣanajavugasa**, gr. XOPANΣY ZAOOY kann demnach nur bedeuten: „von der Familie **G̃awu**[3]) der **Kušan**". Dass diese Herrscherfamilie sich nach der Stadt Čau-wu in ihrer alten Heimat benannte, brauchen wir dem chinesischen Bericht nicht abzustreiten[4]).

Auf der dritten Klasse fällt aber die ganze Stammbezeichnung völlig aus der Titulatur fort und wird ersetzt durch die Königstitel **maharajasa rajarajasa, maharajasa rajatirajasa** oder **maharajasa mahatasa**. Auf 5 Exemplaren ist daneben noch der Stammname **Kuṣana** beibehalten, auf zwei andern aber tritt noch der Titel **devaputra** auf. Auf den Münzen des nächsten Königs OOHMOKAΔΦIΣHΣ fehlt auch die Stammbezeichnung **Kuṣana** völlig, tritt jedoch

---

1) Cunningham l. l. Pl. IV, 9—13 und p. 65—66.
2) Gardner Pl. XVII—XXI, 6. XXII, 3. 4. p. 73—102.
3) Čawu hätten sowohl die Inder wie die Griechen doch vermutlich anders ausgedrückt.
4) Den Zusammenhang des ZAOOY der Münzlegenden mit dem Familiennamen Čau-wu der Dynastie von Sogdiana hat Cunningham bereits im Num. Chron. 1872, p. 181 und 1892 p. 41 ausgesprochen, freilich ohne sich über die Natur dieses Namens klar zu werden. Im Num. Chron. 1892 p. 65 identifiziert er ihn mit dem ÞAO (d. i. iranisch Šāh) der Kaniṣkamünzen, fasst ihn also als **Titel**.

in der Titulatur des folgenden Königs Kaniṣka, ÞAONANO ÞAO KANHÞKI KOÞANO „Šahijano šah Kanēški Košano" wieder auf¹). Zur Zeit des Kaniṣka aber nahm auch die Dynastie von Samarkand den Familiennamen Čau-wu, genauer wohl Ġawu an, und in Sogdiana blieb er noch Jahrhunderte in Uebung, während er bei den Kušan selbst ausser Gebrauch gekommen zu sein scheint. Nach dem Berichte des Sui-šu, der als das Resultat der Reise des Tu Hsing-man nach Buchara kurz nach der Tronbesteigung des Jang-ti, 608 n. Chr. zu betrachten ist, scheint bis dahin keine Veränderung im Besitzstand der Čauwu-Dynastie eingetreten zu sein; doch wird um diese Zeit Farɣāna zwar nicht als zu Samarkand gehörig, aber als von einem Fürsten aus dem Hause Čau-wu regiert genannt; ebenso das Gebirgsland Ts'au am Tsung-ling (nicht zu verwechseln mit den drei oben genannten Ts'au), dessen Fürsten ebenfalls Čau-wu hiessen und mit denen von Samarkand verwandt waren.

Erst im Tʻang-šu, dessen geographische Berichte über diese Grenzländer aus der ersten Hälfte des 7. Jahrhunderts, von 618—650, stammen, finden wir Sɣ oder Čač (Taškend) und Huo-sün (Chwārizm) unter den sogenannten „neun Čau-wu-Staaten" aufgeführt. Auch Tung-ts'au (Usrūšana, Uratübü), das in den früheren Perioden als besonderer Staat nicht erwähnt wird, scheint erst seitdem hinzugekommen zu sein ²).

Wenn wir nun nach diesen Angaben der chinesischen Geschichtswerke den Ausdruck alty čub Soɣdyq „die Soɣdyq der sechs Čub" der Grabschrift des Kültägin I E 31 er-

---

1) Vgl. ZDMG. 49, 629 N. 1. Es ist gewiss nicht zufällig, dass das Auftreten des iranischen Titels Šāhijän-šāh auf den Münzen des Kanēški zeitlich zusammenfällt mit dessen Sieg über die 'An-si und der Eroberung des grössern Teiles der sakisch-parthischen Provinzen. Die Sakenkönige, auch die der Gondopharesdynastie, führen zwar auf den Münzen den griechischen Titel Βασιλεὺς βασιλέων oder β. β. μέγας, wie die Arsakiden, natürlich mit entsprechender Kharosthi-Uebersetzung, von ihren iranischen (sakischen und parthischen) Kriegern aber wurden sie sicher ebenso wie die Arsakiden šāhijän-šāh genannt, ein Titel den ihre Besieger alsdann übernahmen.

2) Die beiden letzten Absätze nach Mitteilung Hɪʀᴛʜs.

klären wollen, so dürfen wir wohl von dem traditionellen Ausdruck „die neun Čau-wu-Staaten" ausgehen. Wir haben also vor allem Čāč, Farγāna und Chwārizm, sowie das Gebirgsland Ts'au auszuscheiden, obgleich diese Länder ebenfalls von Fürsten aus dem Hause Čau-wu regiert waren, da sie nicht zu Sogdiana gehören und auch bei der Hilfsexpedition des Jahres 712 nicht in Betracht kamen. Aus letzterem Grunde sind wohl auch Buchara ('An und Siau 'An), das I N 12 neben Soγd genannt wird, sowie die beiden westlich vom Oxus gelegenen Gebiete auszuschliessen. Es kämen also für die 6 Staaten in Betracht: K'ang, Mi, Sï (Kišš), Ho, Ts'au und Naso-po. Dann wären die drei Ts'au noch als éin Gebiet gerechnet. Sollte aber letzteres auszuschliessen sein, so wäre ev. das östliche Ts'au (Usrūšana) als besonderer Staat einzustellen.

Zweiter Exkurs: Die bulgarische Fürstenliste.

In einigen Handschriften slawischer Chronographien findet sich ein Verzeichnis der bulgarischen Fürsten bis zum Jahre 765, das insbesondere durch die darin enthaltenen nichtslawischen Glossen bekannt geworden ist. Vgl. über dasselbe A. POPOV, Obzor chronografov russkoj redakcii, Moskau 1866, I 25. HILFERDING, Sobranie sočinenij I 20. KUNIK und ROSEN, Izvēstija al-Bekri i drugich avtorov o Rusi i Slavjanach. Čast 1, S. 126 ff. St. Petersburg 1878. Graf GÉZA KUUN, Relationum Hungarorum cum gentibus orientalibus historia antiquissima II 11 ff.

Das Verzeichnis lautet nach einer lateinischen Uebersetzung JIREČEKS bei KUUN a. a. O. 11: „Avitochol vixit annos 300, gens eius Dulo, et anni eius dilom tvirem. Irnik vixit annos 100 et 8 [lies ū 50 für I 8], gens eius Dulo, et anni eius dilom tvirem. Gostun viceregens (namêstnik) per 2 annos, gens eius Ermi, et anni eius dochs tvirem. Kur't 60 annos regnavit, gens eius Dulo, et anni eius šegor večem. Bezmêr 3 annos, et gens eius Dulo, et anni eius šegor večem. Hi 5 principes tenebant principatum per annos 515, capitibus tonsis, et postea transiit ad (hanc) partem Danubii Isperich princeps 61 annos, gens eius Dulo et anni eius verenialem.

Tervel 21 annos, gens eius Dulo, et anni eius **tekučetem tvirem**...... 28 annos, gens eius Dulo, et anni eius **dvanšechten**. Sevar 15 annos, gens eius Dulo, et anni eius **tochaltom**. Kormisoš 17 annos, gens eius Vokil, et anni eius **šegor tvirem**. Hic princeps mutavit gentem Dulo, id est Vichtun. Vinech¹) 7 annos, et gens eius Ukil, eius nomen **šegor alem**²). Telec 3 annos, gens eius Ugain, et anni eius **somor altem**. Et hic ex alia gente. Umor 40 dies, gens eius Ukil, et eius (anni) **dilom tutom**".

Hier ist zunächst der Endpunkt der Liste chronologisch sicher: Τελέτζης (Nikephoros Τελέσσιος) d. i. **Teleč**, der mit 30 Jahren auf den Tron kam³), wurde im Jahre 763 von den Bulgaren infolge einer Niederlage getötet. Seine 3 Regierungsjahre reichen also von 761—763. Von Kormisoš (Κορμέσιος) ist bekannt, dass er unter Konstantin V Kopronymos mit Theodosios von Adramyteion und dem Patriarchen Germanos einen Frieden vereinbarte (Theophan. p. 497, 19), der ins Jahr 755 zu setzen ist⁴). Tervel (Τέρβελις) wird erwähnt in den Jahren 704 (Nikephoros p. 41, 26 ff., Theophanes p. 374, 2. 17. 29 A. M. 6196 = 703), 707 (A. M. 6200 Theoph. p. 376, 15), endlich a. 718 (A. M. 6211) Theophan. p. 400, 19 vgl. Nikephoros p. 55, 22 ff. Man wird seine Regierung also von 700—720 legen dürfen, so dass die folgende 721—748, die des Sevar 749—753 fiele. Man muss also Jireček, Geschichte der Bulgaren S. 140 N. 2 unbedingt beistimmen, dass dem Kormisoš statt 17 nur 7 Jahre zu geben sind, die von 754—760 laufen. Dann ist aber für eine 7jährige Regierung zwischen Kormisoš und Telec kein Raum. Der Text ist hier zweifellos in Verwirrung. Es muss dagegen auffallen, dass hinter Telec Σαβῖνος, der Eidam des Kormesios (Theophanes p. 433, 16) gänzlich fehlt, der als legitimer Herrscher galt, wenn er sich auch nicht lange auf dem Trone halten konnte, während doch der von ihm eingesetzte Umor aufgeführt wird,

---
1) Codd. „rekše vichtun vinech"!
2) Codd. emu imjaše goralem. Kunik verbessert imja (nomen) šegor alem.
3) Theophan. Chronogr. ed. de Boor I 432, 27 vgl. Nikephoros ἱστ. σύντ. ed. de Boor p. 69, 7.
4) Jireček, Gesch. der Bulgaren 141.

obwohl er nur 40 Tage regierte. Sabin war vermutlich wie sein Schwiegervater aus dem Geschlechte Ukil (Vokil), und für Umor, seinen von ihm eingesetzten Nachfolger (Nikephoros p. 70, 26), wird dies durch die Liste ausdrücklich bezeugt. [Vichtun] Vinech aus dem Geschlechte Ukil muss also notwendig dem Σαβίνος entsprechen und ist **hinter** Telec zu stellen, kann aber freilich nicht 7 **Jahre**, sondern nur etwa 7 **Monate** regiert haben. Da er sich mit den Romäern in Friedensunterhandlungen einliess, die nach Ansicht der Bulgaren für sie schädlich gewesen wären, ward er alsbald auf einem Volkstage abgesetzt und floh zum Kaiser. Sollte in den verbleibenden Worten **rekše vichtun** eine in den Text geratene Randglosse stecken, die bestimmt war, den im Texte ausgefallenen Namen des Nachfolgers des Tervel nachzutragen?

Der Beginn der Regierung des Isperich bestimmt sich durch die ausdrückliche Bemerkung, dass die 5 ersten Herrscher nördlich von der Donau regierten, und dass mit Isperich die neue Periode der bulgarischen Geschichte seit dem Uebergang über die Donau begann. Die Festsetzung der Unogundur-Bulgaren auf dem rechten Donauufer wird von THEOPHANES p. 356, 18 ff. unter dem Weltjahre 6171 = 679 n. Chr. erzählt, und bei NIKEPHOROS p. 33, 13 ff. steht sie unmittelbar vor der Synode von Konstantinopel a. 680 [1]). Wir haben demnach in der Liste für Isperich **21** statt **61** Jahre zu lesen, so dass er südlich der Donau von 679—699 herrschte.

Freilich hatte er schon vorher einige Jahre nördlich der

---

[1]) Theophanes nennt sie Ούννογούνδουροι Βούλγαροι, Nikephoros p. 33, 13 Ούννοι καί Βούλγαροι, aber p. 24, 10 Ούνογούνδουροι. Konstantinos Porphyrogennetos de them. II p. 45, 20 ff. lässt auf Grund der Erzählung des Theophanes die Unogundur-Bulgaren gegen Ende der Regierung des Konstantin IV erst an die Donau übersiedeln: ἐγένετο δὲ ἡ τῶν βαρβάρων περαίωσις ἐπὶ τὸν Ἴστρον ποταμὸν εἰς τὰ τέλη τῆς βασιλείας Κωνσταντίνου τοῦ Πωγωνάτου, ὅτε καὶ τὸ ὄνομα αὐτῶν φανερὸν ἐγένετο· πρότερον γὰρ Ὀνογουνδούρους αὐτοὺς ἐκάλουν. RÖSLER, Romän. Stud. 236 f. verwechselt, offenbar immer noch unter dem Einfluss von ZEUSS (Die Deutschen S. 712 ff.), die Unogundur mit den Utiguren, die er eigenmächtig Utuguren nennt, wie er auch in den slawischen Σέβερεις Sēverane (Theophan. Chron. 359, 14. 436, 15) mit SCHAFARIK fälschlich die hunnischen Sabiren sieht. S. aber JIREČEK, Gesch. der Bulgaren 118 und N. 7.

Donau geherrscht, aber diese kommen für unsere Liste, welche die beiden Perioden vor und nach dem Uebergang über die Donau möglichst scharf von einander trennen will, nicht in Betracht und werden seinem Vater Kur't angerechnet. Isperich (gr. Ἀσπαρούχ) war der Sohn des Κουβράτος (Kur't), des Fürsten der Unogundur-Bulgaren, der unter Kaiser Konstantin IV Pogonatos (668—685) gestorben war[1]). Zwischen diesen beiden Fürsten ist den byzantinischen Quellen zufolge kein Raum für eine Zwischenregierung, und daraus ergibt sich, dass Bezmêr vor Kur't zu stellen ist. Für die erste Periode der bulgarischen Geschichte ergäbe sich also folgende Uebersicht:

Avitochol 300 J., Geschlecht Dulo   164—463
Irnik 150 (so l.) J., „   „   464—613
Gostun namêstnik 2 J., Geschlecht Ermi   614—615
Bezmêr 3 J.,   „   Dulo   616—618
Kur't (Κουβράτος) 60 J.,   „   „   619—678.

Kubrat, der Vetter des Organ, warf um 635 n. Ch. das Joch des Avarenchagans, der in den Jahren 623 und 626 sogar Konstantinopel bedroht hatte, ab und vertrieb die avarischen Truppen, die in seinem Lande waren. Dann schloss er mit Kaiser Herakleios einen Bund, der ihn gegen die Avaren und Slawen ausspielen wollte und ihm den Titel eines Patrikios verlieh. Dieses Bündnis wurde von Kubrat bis zu seinem Tode gehalten[2]). Die Avaren wurden jetzt auf ihre pannonischen Wohnsitze beschränkt.

Dies setzt voraus, dass die Bulgaren um 635 bereits nördlich bezw. nordöstlich von den Donaumündungen sassen. Damit stimmt es völlig, dass als zweiter Fürst der Bulgaren Irnik genannt wird. Unter diesem kann nämlich kein anderer gemeint sein als Attilas Lieblingssohn Ernak[3]), der sich nach der Niederlage der Hunnen durch die Gepiden und der Auflösung des grossen Hunnenreiches mit seiner Horde nach dem äussersten Winkel von Klein-Skythien zurückgezogen

---
1) Nikeph. Ιστ. σύντ. p. 33, 17 ff. Theophanes p. 357, 11 ff.
2) Nikeph. p. 24, 9 ff.
3) Ἡρνάχ Priscus fr. 8 bei Müller, FHG IV p. 939, 3. Die Uebereinstimmung der Namen ist auch Kunik a. a. O. S. 131 nicht entgangen, aber die Identität der Personen ist bisher, soviel ich sehe, noch nicht bemerkt worden.

hatte¹) und wahrscheinlich die Gegenden zwischen den Donaumündungen und dem Dnjestr innehatte. In dem Kriege, den sein älterer Bruder Dengizich gegen die Römer — wahrscheinlich 468 — unternahm und in welchem er seinen Untergang fand, blieb Ernak neutral²). Wenn die Regierungszeit Irniks nach unserer Liste nicht genau mit dem Tode Attila's (453) anhebt, so hat man dabei den Charakter der Zahl 150 als einer runden Schätzung der dunklen Zeit vom Tode Attilas bis zum Auftreten Kubrats zu berücksichtigen. Der schematische Charakter dieser Zahl kommt auch darin zum Ausdruck, dass sie gerade die Hälfte der durch den Namen Avitochol repräsentierten Periode ausmacht. Auch die unter dem Namen Avitochol zusammengefasste 300jährige Periode zeugt von verhältnismässig treuer historischer Erinnerung. Ums Jahr 93 n. Chr. löste sich das Reich der nördlichen Hunnen auf, und diese wurden von den tungusischen Sien-pi gezwungen, weiter nach Westen zu ziehen. Sie setzten sich darauf im Steppenlande Jue-pan fest und gründeten hier ein neues Reich, über welches aber die Chinesen fast gar keine Nachrichten mehr bieten. Im ersten Viertel des 2. Jahrhunderts n. Chr. unternahmen die Hiung-nu noch häufig Streifzüge bis in die Provinz Sen-si. Noch unter Kaiser Hiao-hüon-ti (um 151 n. Chr.) machten sie einen Einfall nach Hami, von da an werden sie aber gar nicht weiter erwähnt. Sie wurden nämlich durch die Sien-pi gezwungen, abermals weiter nach Westen zu wandern³). In der ersten Hälfte des 2. Jahrhunderts kennt Marinos von Tyros⁴) die Hunnen (Χουνοί) bereits an den Grenzen Europas (Marcian 2, 39), und Ptolemaios (unter Kaiser Markus 161—180) nennt den Ural bereits mit seinem türkischen Namen Δάϊξ = Δαϊχ bei Menander Protektor, türk. j a j y q⁵). Die Periode des

---

1) Jordan. Get. c. 50 § 266.
2) PRISC. fr. 36 p. 107 bei MÜLLER, vgl. CLINTON, Fasti Romani I 672 a. 469.
3) DEGUIGNES I 397. 403 ff.
4) Leider ist die Zeit dieses Geographen immer noch nicht genauer bekannt.
5) Vgl. TOMASCHEK, Kritik der ältesten Nachrichten über den skythischen Norden II 39.

Avitochol, 164—463 oder besser 154—453 stellt also mit verhältnismässig grosser Genauigkeit den Zeitraum vom erstmaligen Bekanntwerden der Hunnen in Europa bis zum Tode des Attila dar. Auffällig ist es deshalb nur, dass Attila selbst nicht genannt ist. Sollte er etwa unter dem rätselhaften Avitochol gemeint sein? Der Name Attila selbst ist ja nur eine Gotisierung seines hunnischen Namens, der mit dem hunnisch-türkischen Namen der Wolga, Ἀττίλας [1]) oder Ἀτελ [2]) d. i. Ätil, Itil, einem türkischen Appellativum für 'Fluss' identisch ist [3]). Hat der Hunnenfürst daneben vielleicht noch einen Tronnamen (wie die Šen-jü der alten Hunnen) geführt?

Die unserer Liste zu Grunde liegende Vorstellung, dass die Unogundur-Bulgaren von Irnik (Ernak 453) bis auf Jsperich (679) ununterbrochen in dem Winkel zwischen Donau und Dnjestr gesessen hatten, stimmt nun vortrefflich zu allem, was wir aus den gleichzeitigen Geschichtsquellen erfahren. Schon vor dem Abzuge der Ostgoten aus Moesien nach Italien (487) hatte Theoderich gegen die Bulgaren zu kämpfen, wahrscheinlich im Jahre 485, wobei er einen feindlichen Führer niederstreckte [4]). Im Jahre 504 kämpften Theoderich's Offiziere abermals in Pannonien gegen die Bulgaren [5]). Seit dem Jahre 499 werden häufig Einfälle der Bulgaren in die Provinzen südlich der Donau, Moesien, Thrakien und Illyrien erwähnt, und zwar so, dass man schliessen muss, dass die Bulgaren gleich jenseits der Donau hausten [6]).

Wichtig ist nun die Nachricht des Prokopios, de bello

---

1) MENANDER PROT. fr. 21.
2) THEOPHANES p. 356, 23 ff.
3) Die Kama, einen Nebenfluss der obern Wolga nannten die Bulgaren Čölmän-itil 'Fluss der Einöde', wie noch jetzt die Kazanischen Tataren. Vgl. TOMASCHEK, Kritik der ältesten Nachrichten über den skythischen Norden II 33. SBWA. Bd. 117, 1887. S. 12. — Vgl. auch den Namen des Sohnes Attilas, Δεγγιζίχ von tengiz, dengiz 'Meer'.
4) Ennodii Panegyr. in Theodericum c. 5. Monum. Germ. hist. Auctores antiquissimi t. VII 205. Vgl. LEBEAU-SAINT-MARTIN, Hist. du Bas-Empire 7, 141 ff.
5) Cassiodor. Variae 8, 10 p. 240, 2. 8, 21 p. 252, 11 ff. vgl. MOMMSEN p. XXXVII.
6) Vgl. die Zusammenstellungen bei MÜLLENHOFF, DA. II 379 ff.

Got. 3, 14, wornach zwischen 534—47 ein Krieg zwischen Anten und Sklawenen ausgebrochen war, in welchem diese Sieger blieben. Doch fand bald wieder ein friedlicher Verkehr zwischen beiden Völkern statt. Die Anten wohnten damals zwischen Dnjestr und Dnjepr[1]). Nun schickte Kaiser Justinian eine Gesandtschaft an die Anten und bot ihnen als Wohnsitz die jenseits der Donau im alten Dakien gelegene, von Trajan gegründete Turris sowie deren Umgegend an, falls sie ihm bei der Abwehr der das Reich fortwährend beunruhigenden Hunnen d. i. der Bulgaren helfen wollten. Justinian gieng auch auf ihre Bedingung ein, einen Mann, namens Chilbudios, den sie für den im J. 534 gefallenen römischen Befehlshaber hielten, in ihrem Lande als magister militiae einzusetzen. Allein dieser falsche Chilbudios wurde auf dem Wege nach Konstantinopel, wohin ihn der Kaiser berief, von Narses entlarvt und gefangen genommen. Die Anten scheinen sich aber wirklich in den ihnen versprochenen Wohnsitzen festgesetzt und über die Unogundur-Bulgaren bis zur Ankunft der Avaren sogar eine Art Oberherrschaft ausgeübt zu haben. Der Name B e z m é r weicht nämlich seiner Bildung nach von den übrigen Namen der Liste ab, stellt sich dagegen zu Namen wie Μαλαμήρ, Δαργαμηρός (Dragomir) u. a., d. h. zu s l a w i s c h e n Namen. Es ist nun gewiss nicht zufällig, dass sich B e z m é r mit Μεζάμηρος völlig deckt, besonders wenn man noch bedenkt, dass μ und β in griechischen Handschriften kaum zu unterscheiden sind. Menander Protektor berichtet[2]), dass die Avaren, als die Häuptlinge der Anten im Kampfe gegen die einbrechenden Horden unterlegen waren, alsbald deren Land verheerten (558). Durch die Einfälle der Avaren bedrängt, wählten die Anten nun den Μεζάμηρος, Sohn des Ἰδαρίζιος und Bruder des Κελαγάστης als Gesandten an die Avaren und ersuchten darum, einige Kriegsgefangene ihres Stammes loskaufen zu dürfen. Ein Kotragire nun, der mit den Avaren eng verbündet war und gegen die Anten die feindseligsten Massregeln beschlossen hatte, stellte dem Chagan vor, dass dieser Mann eine sehr grosse Macht unter den Anten besitze, und im Stande sei, jedem beliebigen

---

1) Jordanes Get. c. 5.
2) fr. 6 bei Müller FHG. IV p. 204.

Feinde zu widerstehen[1]), und bewog ihn so, den Mezamer unter Verletzung des Völkerrechts zu ermorden. Darnach wurden die Einfälle der Avaren ins Gebiet der Anten noch viel häufiger. Diese Erzählung setzt voraus, dass die Kotragiren, ein Stamm der Bulgaren, der an der Maiotis sass, von früher her Grund hatte, auf die Anten und speziell auf Mezamer ergrimmt zu sein. Dies erklärt sich vollkommen, wenn die Anten in ihren neuen Sitzen in Dakien ihnen den Uebergang über die Donau verwehrten und ihre Raubzüge verhinderten, und über ihre Brüder, die den Anten benachbarten Unogundur-Bulgaren, eine Art Oberhoheit ausübten. Im Jahre 551 schickten die Gepiden zu den Häuptlingen der Kutriguren[2]) diesseits der Maiotis um Hilfe in dem bevorstehenden Kriege gegen die Langobarden. Diese senden ihnen 12000 Mann unter mehreren Führern; da aber der Waffenstillstand mit den Langobarden noch nicht abgelaufen war, so schicken die Gepiden dieselben ins oströmische Reich. Allein Justinian hetzt nun die Häuptlinge der Utiguren, des Bruderstammes der Kutriguren gegen diese auf, und jene überschreiten zusammen mit den Tetraxiten unter Führung des Sandil den Don und werfen sich auf die in der Heimat zurückgebliebenen Kutriguren und schlagen sie. Dadurch werden die Kutriguren zur Rückkehr in ihre Heimat bewogen, 2000 der von Sandil geschlagenen Hunnen aber flohen mit Weib und Kind ins römische Gebiet und wurden von Justinian in Thrakien angesiedelt[3]). Im Jahre 552 erschienen wiederum Hunnen im römischen Reich (Prokop. de bello Got.

---

1) ταῦτά τοι ὁ Κοτράγηγος (1. Κοτράγηρος) ἐκεῖνος, ὁ τοῖς Ἀβάροις ἐπιτήδειος, ὁ κατὰ Ἀντῶν τὰ ἔχθιστα βουλευσάμενος, ἐπεὶ ὁ Μεζάμηρος ὑψηλότερον ἢ κατὰ πρεσβευτὴν διελέγετο, εἶπεν ὡς τὸν Χαγάνον· οὗτος ὁ ἀνὴρ μεγίστην ἐστὶ περιβέβληται δύναμιν ἐν Ἄνταις, οἷός τε πέφυκε κατὰ τῶν ὁπωσοῦν αὐτῷ πολεμίων ἀντιτάττεσθαι.

2) Die LA Οὐτούργουροι und Κουτούργουροι der Ausgaben des Prokop scheint schwach beglaubigt. Der cod. Paris. reg. 1699 scheint nach der Leidener Abschrift und MALTRETS Angaben meist Οὐτίγουρα und Κουτρίγουροι zu bieten, also übereinstimmend mit MENANDER und AGATHIAS. Vgl. p. 475, 12. 476, 1. 5. 478, 11. 16. 479, 12. 14. 15. 21. Die neue Ausgabe wird hoffentlich auch in den „barbarischen" Namen mit den alten Ungeheuern aufräumen. THEOPHYLAKT 7, 8, 16 schreibt Κοτζαγηροί, THEOPHANES Κότραγοι.

3) Prokop. de bello Got. 4, 18 p. 551, 19 ff. ed. Bonn.

4, 21 p. 517 f.), von da an bis zum Jahre 558 ist aber nicht mehr von ihnen die Rede. In diese Zeit sind aber gerade die Regierungen der beiden Slawen Gostun, dessen Namen schon Jireček, Geschichte der Bulgaren S. 127 als slawisch erkannte (554—555), und Bezmēr (des Antenźupan Μεζάμηρος) 556 bis 558 zu setzen, welche als Zwischenregierungen in der 150jährigen Periode zu betrachten sind. Gostun ist wohl identisch mit Mezamers Bruder Κελαγάστης und nur eine Kurzform dieses Namens.

Im Jahre 558 zogen die Kutriguren gegen Süden und lagerten in der Nähe der Donaumündung, im folgenden Winter aber setzte ihr Führer Ζαβεργάν über die gefrorene Donau. Im Frühling 559 verheerten die Hunnen, verstärkt durch Schwärme der Slawen, die Balkanhalbinsel in drei Heerhaufen, von denen einer die Hauptstadt selbst bedrohte. Allein die Unternehmung scheiterte völlig und der Kaiser wandte abermals das Mittel an, das ihm schon einmal so erspriessliche Dienste geleistet hatte; nachdem die Kutriguren bereits wieder abgezogen waren, sandte er Boten an den Fürsten der Utiguren Σάνδιλχος, um ihn auf die Kutriguren zu hetzen. Dieser macht zwar zuerst Einwendungen, versteht sich aber schliesslich dazu, den Kutriguren ihre Rosse wegzunehmen, so dass sie keine Raubzüge mehr gegen die Römer unternehmen könnten[1]). Nach Agathias aber gelang es dem Kaiser schliesslich, den Sandilchos gewaltig gegen die Kutriguren zu erbittern, so dass er nun sofort gegen die Kutriguren zog, die Zurückgebliebenen überfiel und viele Weiber und Kinder zu Sklaven machte. Darauf trat er auch den aus Thrakien Zurückkehrenden entgegen, tötete viele und nahm ihnen die ganze Beute ab. Es begannen nun fortdauernde Kriege und Raubzüge zwischen beiden Stämmen, ἕως ἑκατέρωθεν αἱ δυνάμεις διαρρυεῖσαι ἀνάστατοι ἄρδην γεγένηνται, ὡς καὶ αὐτὴν δήπου τὴν πάτριον ἐπωνυμίαν ἀποβεβληκέναι[2]).

Zehn Jahre später (568) sind die Kutriguren und Utiguren den Avaren unterworfen und der Chagan fordert vom Kaiser die Jahrgelder, die unter Justinian diese beiden Stämme er-

---
1) Menander Prot. fr. 3 bei C. Müller, FHG. IV 202, von diesem fälschlich ins Jahr 558 gesetzt.
2) Agathias 5, 24. 25.

halten hatten¹). Der Chagan Bajan befiehlt 10000 von den Kutriguren-Hunnen über die Save zu setzen und Dalmatien zu verheeren²). Daraus geht hervor, dass, wenn dies nicht die Horde jenes Kutrigurenhäuptlings war, der die Avaren auf die Anten hetzte, später noch mehrere Horden der Kutriguren in die Dienste des Chagans getreten sein müssen.

Im Jahre 597 kämpfen auch **Bulgaren** im Heere des Chagans (Theophyl. Sim. 7, 4, 1 ff.). Im Jahre 598 traf abermals eine Horde von Kutriguren (Κοτζαγηροί) und Tarniach, sowie von Zabender-Hunnen, die vor den Türken flüchteten, in Europa ein und schloss sich dem Chagan an. So erhielt die Macht des letztern abermals einen Zuwachs um 10000 Mann³).

Ums Jahr 597 hatte die Macht der Türken einen neuen Aufschwung genommen. Schon im Jahre 568 war der Fürst der Uiguren (Οὐγοῦροι) an der Wolga den Türken unterworfen⁴), und im Jahre 576⁵) rühmt sich der türkische Fürst Τούρξανθος, der Sohn des Dizabulos und leibliche Bruder (ὁμαίμος) des Τάρδου (Ta-t'óu-k'an)⁶), dass die Stämme der Alanen und Uiguren dem unbesiegbaren Volke der Türken erlegen seien. Der Fürst der Uiguren, Anagai übte auch eine Oberhoheit über die Ebenen nördlich vom Kaukasus aus, wo er eine Frau Ἀκκάγα zur Fürstin eingesetzt hatte⁷). Von ihrem Gebiete

---

1) MENANDER PROT. fr. 28 p. 233/4 MÜLLER.
2) MENANDER Prot. fr. 27 p. 233b.
3) Theophyl. Sim. 7, 8, 16. 10000 ist hier wie bei MENANDER fr. 27 offenbar eine runde Angabe der Stärke einer Horde.
4) MENANDER Prot. fr. 21 p. 229b. Vgl. fr. 5, wo der Name des Volkes noch genauer Οὐυγοῦροι geschrieben wird, das nicht in Οὐτιγοῦροι zu ändern ist.
5) MENANDER fr. 43. Die Gesandtschaft des Valentinus wird ausdrücklich ins zweite Jahr der Regentschaft des Caesars Tiberius gesetzt, das im Dezember 575 beginnt. Vgl. CLINTON, Fasti Romani I 839 a. 576. Seit DEGUIGNES I 519 pflegte man jene Gesandtschaft fälschlich ins zweite Jahr der Alleinherrschaft des Kaisers Tiberius (beginnt September 579) zu verlegen. So noch LEBEAU-SAINT-MARTIN 10, 169 ff.
6) S. meinen oben zitierten Aufsatz WZKM. XII, Heft 3.
7) MENANDER fr. 43 p. 246b, 7. 245b, 3, wo Οὐτίγουροι geschrieben ist. Allein die Utiguren waren damals den Avaren unterworfen, und ein Vergleich mit fr. 21 ergibt, dass der Fürst der Οὐγοῦροι bezw. Οὐυγοῦροι gemeint ist. Es ist also an beiden Stellen Οὐυγοῦροι herzustellen.

gelangte man zu dem des Τούρξανθος. Noch im selben Jahre 576 schickte dieser den Βωχάνος (von türk. buqa 'Stier'?) mit einer sehr grossen Türkenmacht aus, um Bosporos zu erobern, nachdem bereits Anagai mit einer andern türkischen Heeresabteilung dahin vorausgezogen war. Nachdem der Chagan der Türken den Aufstand des Prinzen Turum niedergeworfen hatte, wurden ohne Zweifel auch im Nordwesten neue Vorstösse gemacht, um die Oberherrschaft der Türken an der Wolga wiederherzustellen, und als eine Folge dieser Ereignisse haben wir die abermalige Wanderung von pontischen Bulgarenstämmen nach Europa zu betrachten.

Ueber die Wanderung der Bulgaren berichtet auch Gregor Barhebräus [1]) in einer übrigens äusserst verworrenen Erzählung: „Im 4. Jahre des Maurīkē [586 n. Chr.] geriet in Bewegung und zog aus vom Osten das greuliche Volk der Abaren (Abarīs) mit geflochtenen Haaren, ferner vom Westen die Sklawenen und Longobarden. Und sie kamen in die Botmässigkeit des Chāqān, des Königs der Chazaren, und eroberten zwei Städte von den Römern und eine Menge von Kastellen, und wäre nicht der grosse Graben gewesen, welchen der Kaiser ausserhalb von Adropolis [2]) angelegt hatte, so hätten sie sich auch an Konstantinopel gemacht. Die Römer aber hatten das Volk der Anten [3]) gedungen und sie stürzten sich auf Skla-

---

— Zu der Fürstin Ἀκκάγα vgl. die Βώα ῥήγισσα, die Witwe des Fürsten der Sabir-Hunnen Βαλάχ bei MALAL. p. 430, 20. THEOPHANES p. 175, 12 ff. a. 528. LEBEAU, Hist. du Bas-Empire 8, 104 ff.

1) Chron. Syr. ed. BRUNS und KIRSCH p. 95, 6 ff. Die Ausgabe BEDJANS steht mir nicht zu Gebote.

2) Nach Theophyl. Sim. 1, 7, 1 kann es sich nur um die von Kaiser Anastasios 512 erbaute, von Justinian wiederhergestellte 'lange Mauer' handeln, die sich von Derkon am Schwarzen Meer bis Selymbria an der Propontis in einer Länge von 420 Stadien erstreckte und die ganze zwischen beiden Meeren und dem Bosporos gelegene Halbinsel absperrte. Sie war 280 Stadien (40 Meilen) von Konstantinopel entfernt. Von Adrianopel (!) kann also keine Rede sein.

3) ܐܢܛܝ, was BRUNS und KIRSCH als Abkürzung von ܐܢܛܝܘܟܝܐ Antiochia auffassen. Das ist natürlich barer Unsinn. Es muss selbstverständlich ein Barbarenvolk auf oder in der Nähe der Balkanhalbinsel gemeint sein. Es ist also zu lesen ܐܢܛܝ = Ἀντῶν. Die Anten

venia und eroberten und plünderten es. Deswegen verübten die Sklawenen grosse Verwüstung im Lande der Romäer und kehrten um. Um diese Zeit zogen drei Brüder aus dem inneren Skythien aus mit 30000 Skythen, und sie kamen einen Marsch von zwei Monaten, um Wasser aufzufinden, nämlich von jenseits des Gebirges Imaos [1]), und sie gelangten bis zum Flusse Tanais, der aus dem See Maietis herauskommt und sich in den Pontos ergiesst. Als sie nun an die Grenze der Romäer gelangt waren, nahm einer von ihnen, namens Bulgaris, 10000 (Mann) [2]), überschritt den Tanais und schlug sein Lager auf zwischen den beiden Strömen Tanais und Danubis, der ebenfalls in den Pontos mündet. Und er sandte an Maurīqē, er möge ihm Land gewähren, um dort zu wohnen und ein Bundesgenosse der Romäer zu sein. Er gab ihm Ober- und Unter-Moesien und er siedelte sich dort an, und sie wurden ein Bollwerk für die Romäer. Diese Skythen nun nannten die Romäer Bulgaren. Jene beiden andern Brüder aber kamen ins Land der Alanen d. i. Barsēlia, oder zur Stadt Kapadokia [3]), welche die Bulgaren und Hunuguren [4]) 'Tor der Türken' nennen,

---

werden von Theophyl. Sim. 8, 5, 13 als Bundesgenossen der Römer bezeichnet.

1) ܐܡܝܐ lies ܐܡܐܘܢ Imāōn.

2) Zur stereotypen Zahl 10000 s. o. S. 81 Anm. 3.

3) Der Text bietet ܩܦܘܕܩܝܐ ܠܡܕܝܢܬܐ. Die Pluralpunkte sind falsch. Kappadokia ist natürlich hier ein Unding: es kann nur einer der wichtigsten Kaukasuspässe gemeint sein. Als solche nennt Ps. Moses, Geogr. ed. Soukry p. 26/7 (= p. 36 s. der Uebs.) das Tor der Alanen (Darial) und das Tor K'cek'en im zentralen Kaukasus und 'die Wache von Čor' (pahak Čoraj, auch Kapan Čoraj) oder die Mauer von Darband am Kaspischen Meere. Der letztere Pass heisst bei den ältern armenischen Historikern „die Hunnenpforte". Hier scheint aber einer der zentralen Pässe gemeint zu sein — wenn nicht etwa eine der häufigen Verwechslungen der Alanen mit den Albanern (Alvank') vorliegt. Sollte das rätselhafte ܩܦܘܕܩ aus ܩܦܢܘܩ = arm. Kapan K'cek'enaj entstanden sein?

4) Text ܗܘܢܘܓܪ lies ܗܘܢܘܓܘܪܝ = Ὀνόγουροι Prisc. fr. 30 bei MÜLLER, FHG. IV 104b, neben Σαβίροι u. a. kaukasischen Hunnenstämmen; Hunuguri Jordan. Get. § 37 p. 63 ed. MOMMSEN, neben Alt-

welche ehemals Christen waren¹) und jetzt Chazaren genannt werden nach dem Namen ihres ältesten Bruders".

Der Verfasser dieser Erzählung wusste offenbar nichts mehr von einem Chagan der Avaren und hielt deshalb den in seiner Quelle genannten Chagan für den der Chazaren. Die Abfassung des Berichts fällt also nach dem Untergang des Avarenreiches. Zu Grunde liegt der Erzählung offenbar der Slaweneinfall des Jahres 587, der durch den Chagan der Avaren veranlasst war²). Im selben Jahre brach auch wieder der Krieg mit den Avaren aus, in welchem diese eine Anzahl von festen Plätzen eroberten, wie Ratiaria, Dorostolos, Zaldapa³). Dies war aber nach Theophanes im 5. Jahre des Maurikios. Die angebliche Ansiedlung einer Bulgarenhorde in Moesien durch Maurikios ist indessen ohne Zweifel reine Erfindung. Die Einwanderung der Bulgaren in die Länder südlich der Donau wird so um 90 Jahre zu früh gesetzt und gewissermassen nachträglich legitimiert. Was den Anlass zu dieser Fabel gegeben haben mag, ist schwer zu sagen. Vielleicht war es doch das Auftreten von drei neuen pontischen Bulgarenhorden im Norden der Donau, die freilich nicht in den Dienst des Kaisers, sondern des Chagans der Avaren traten. Ueberdies fiel deren Ankunft 10 Jahre später.

Es ist aber zu beachten, dass auch in dieser Legende wie in der des Nikephoros und Theophanes die Wanderung der

---

ziagiri (bei Cherson) und Saviri genannt; Ὀνόγουροι AGATHIAS 3, 5 p. 243, 18 DINDORF, nach denen die Festung Ὀνόγουρις im Kaukasus benannt ist; Οὐννουγοῦροι Theophyl. Sim. 7, 8, 3 neben Σαβίροι und Βαρσήλτ, 7, 8, 13 (eine Stadt Βακάθ der Οὐννουγοῦροι); patria Onoguria Geogr. Rav. 4, 2 p. 170.

1) Dies bezieht sich vielleicht auf den Hunnenfürsten, der sich im Jahre 619 samt seinen Offizieren in Konstantinopel taufen liess (NIKEPHOROS ἱστ. σύντ. p. 12, 20 ff.), wahrscheinlicher jedoch auf die Bekehrung der Hunnen des Kaukasus durch den albanischen Bischof Israel zur Zeit des armenischen Katholikos Sahak III (677—703), die von Moses Kalankatvaçi ausführlich erzählt wird. Der Hunnenfürst Ilut'ver (Alut'ver) residierte in der Stadt Waraçan. S. MANANDIAN, Beiträge zur albanischen Geschichte. Diss. Leipzig 1897 S. 30 f.

2) Theophyl. Sim. 1, 1. Kedren. I 395.

3) Theophyl. 1, 8, 10. Theophanes p. 257, 13.

Bulgaren in engen zeitlichen und pragmatischen Zusammenhang gesetzt wird mit dem Aufkommen der Chazaren, als deren ursprüngliches Machtgebiet wie bei Nikephoros Barsēlia (= Βερζυλία) erscheint. Von der geschichtlichen Entwicklung des Bulgarenstaates, wie sie sich aus den gleichzeitigen Quellen ergibt, weicht die Stammsage bei Nikephoros ἱστ. σύντ. p. 33, 13 ff. und Theophanes Chronogr. I 356, 18 ff. beträchtlich ab. Nach dieser lag das ehemals Gross-Bulgarien genannte Land und die Heimat der Κότραγοι (d. i. der Kutriguren), der Stammgenossen der Unogundur-Bulgaren, um die Maiotis und am Kuphis (Kuban). Als Kobrat [1]), der Fürst des genannten Bulgariens und der Kotragen, bei seinem Tode unter Konstantinos IV fünf Söhne hinterliess, legte er ihnen ans Herz, niemals sich von ihrem Wohnsitz zu trennen. Allein die Söhne kehrten sich nicht daran und trennten sich nach kurzer Zeit mit ihren Horden von einander. Die erste Horde unter dem ältesten Bajan [2]) verblieb in den Ursitzen an der Maiotis, die zweite unter Κότραγος (dem Repräsentanten der Kutriguren) überschritt angeblich den Don und liess sich gegenüber der ersten nieder. Die vierte überschritt die Donau und siedelte sich in Pannonien an, wo sie den Avaren untertan wurde; die fünfte Horde soll bis nach Italien gelangt sein und sich in der Pentapolis von Ravenna niedergelassen haben, wo sie den Römern unterworfen wurde. Von den in Pannonien ansässigen Bulgaren, die wohl hauptsächlich dem Stamme der Kutriguren angehörten, wissen wir aber, dass sie schon 100 Jahre früher dahin gekommen und in den Dienst des Chagans der Avaren getreten waren. Durch den zweimaligen vergeblichen Angriff auf Konstantinopel 619 und 626 war die Macht der Avaren bedeutend geschwächt, und so konnten die Bulgaren um 630 nach dem Tode des Chagans sogar verlangen, dass ihr Oberhaupt zum Chagan gewählt werden solle. Ein er-

---

1) Theophanes Κοβράτος.
2) Theophanes Βατβαιάν d. i. Βαγ-Βαιαν = Büg-Bajan (mongol. bayan 'tiche' nach Bang). Er war wohl nach dem Avarenchagan benannt, wie Anagai, der Fürst der Uiguren an der Wolga nach A-nakwei, einem der letzten Chagane der Zuan-žuan.

bitterer Kampf entspann sich, der aber zu gunsten der Avaren entschieden wurde. 9000 Bulgaren mit Weibern und Kindern d. h. der Rest der auf 10000 Mann geschätzten Horde (oben S. 81 N. 3) mussten Pannonien infolgedessen räumen. König Dagobert, an den sie sich um neue Sitze wandten, erlaubte ihnen in Bajuvarien zu überwintern, liess sie aber dann insgesamt niedermetzeln. Nur siebenhundert unter Anführung Alzichs entrannen dem Blutbad und retteten sich nach der windischen Mark (marca Vinedorum)[1]. Die Geschichte wird unter dem 9. Jahre des Königs Dagobert (631/32) erzählt. Ein Menschenalter später, zwischen 663 und 668 kamen sie nach Italien und baten den Langobardenkönig Grimwald, sie in seine Dienste zu nehmen und ihnen Wohnsitze anzuweisen. Dieser wies ihnen die alten Samnitenstädte Saepinum, Bovianum und Aesernia an und ernannte ihren Führer zum gastaldius. Noch anderthalb Jahrhunderte später hatten sie ihre Muttersprache nicht vergessen, obwohl bereits alle romanisch sprachen[2]).

Die dritte Horde unter Asparuch soll den Dnjepr und den Dnjestr überschritten und sich in dem Winkel zwischen dem Dnjestr, der Donau und dem Pontus niedergelassen haben, der altslawisch ā g l ŭ, gr. Ὄγγλος hiess. Dies war die Unogundur-Horde, die aber thatsächlich, wie wir gesehen, bereits seit den Zeiten Ernaks, des Lieblingssohnes Attilas hier sass. Nachdem nun so das Volk getrennt und gespalten war, fährt der Bericht fort, brach das grosse Volk der Chazaren, das in der Nähe der Sarmaten (d. h. der Alanen) wohnte, aus dem Innern der Landschaft Βερζυλία hervor und durchzog und unterwarf nun alle jene Gegenden über dem Pontos, und machte auch den Bajan, den Fürsten von Gross-Bulgarien, tributpflichtig.

Diese letztere Erzählung weist darauf hin, was dem ganzen Berichte Thatsächliches zu Grunde liegt. Die Κότραγοι oder Kutriguren werden als die nächsten Verwandten der Unogundur-Bulgaren bezeichnet und mit der Gründung des bulgarischen Staates in die nächste Beziehung gesetzt. Sie gehörten nach dem Berichte unzweideutig zu denjenigen Bulgarenhorden, die schon JORDANIS Get. c. 5 nördlich vom Pontos kennt und

---

1) Fredegar c. 72.
2) Paulus Diac. hist. Langob. 5, 29.

die später den Chazaren unterworfen wurden. Vermutlich hatten sich die den Avaren heerespflichtigen Kutriguren, Tarniach und Zabender nach der Vertreibung der pannonischen Bulgaren bereits im Jahre 635 dem Fürsten der Unogundur-Horde angeschlossen, als dieser sich von den Avaren lossagte. Nach dessen Tode zwischen 668 und 679 aber scheint infolge der Eroberungen der Chazaren eine abermalige Auswanderung von pontischen Bulgarenhorden nach der Donau stattgefunden zu haben, und diese Verstärkungen ermutigten Kubrats Sohn Asparuch (Esperich, türk. Äspärük? vgl. den türkischen Namen Σπαρζευγοῦν Theophyl. Sim. 7, 8, 9) zu einem neuen Zuge nach Thrakien, der zur endgiltigen Festsetzung der Bulgaren in Moesien führte.

Als alte Heimat der Chazaren ist hier Βερζυλία [1]) in der Nachbarschaft der Sarmaten (Alanen) genannt, wie auch bei Gregor Barhebraeus. Hier haben wir auch Balangar بَلَنْكَر oder Balanǧar بَلَنْجَر, die alte Hauptstadt der Chazaren zu suchen [2]), die wohl mit Waračan oder Waraġan, der Hauptstadt der Hunnen bei Ps. Moses Chorenaçi, Geogr. ed. Soukry p. 27, 16 und Moses K'alankatvaçi identisch ist. Die Landschaft Βερζυλία war ohne Zweifel ursprünglich die Heimat der Βαρσήλτ (d. i. Βαρστήλ = syr. Barçēl), die neben Unuguren und Sabiren unter den hunnischen Völkerschaften aufgeführt werden, welche a. 557 dem Ansturm der Avaren durch Geschenke zu begegnen suchten [3]). Später finden wir die برصول Bärčölä als einen Stamm der Wolga-Bulgaren [4]).

Eine ganz ähnliche Stammsage wie die der Byzantiner kennt auch die Geographie des Ps. Moses Chorenaçi ed. Soukry p. 25: „Sarmatien hat von Gebirgen das keraunische und das hippische [5]), welches fünf Flüsse in die Maiotis entsendet.

---

1) So ist bei NIKEPHOROS p. 34, 14 zu lesen für Βερυλίας. THEOPHANES p. 358, 8 schreibt Βερζιλίας.

2) Mas'ūdī, Kitāb at tanbīh ۱۳, 16. Murūǧ adhdhahab II 7 nennt er fälschlich Samandar als ehemalige Hauptstadt der Chazaren.

3) Theophyl. Sim. 7, 8, 3.

4) Ibn Rusta p. ۱۴۱, 11.

5) Ptol. 5, 8 p. 348, 1 ff.

Und der Kaukasos entsendet zwei Flüsse, den Waldanis[1]) bis zum Gebirge Κόραξ, welches gegenüber vom Kaukasos beginnt und sich der Länge nach gegen Nordwesten erstreckt, bis es zwischen die Maiotis und den Pontos eindringt[2]). Dieser (der Korax) entsendet einen Fluss namens Psychros, der Bosporos und das Gebiet Zigun trennt[3]), wo das Städtchen Nikop's liegt. Gegen Norden davon sind das Volk der T'urk' und der Bulɣark', die nach den Namen jener Flüsse[4]) genannt sind: Kup'i - Bulɣar, Duči - Bulkar, Olchontor Blkar der Einwanderer[5]), Çdar Bolkar. Gegenwärtig sind diese Namen dem Werke des Ptolemaios fremd. Und vom hippischen Gebirge floh der Sohn des Chubrad[6]). Und zwischen den Bulɣaren (Pulɣaraç) und dem Pontos wohnen die Völker: Garšk'[7]), K'ut'k' und Svank' bis nach Pisinun (Πιτυοῦς)". Von der Flucht des Sohnes des Chubrad ist auch p. 17, 5 (= p. 20 der Uebs.) die Rede: "Auf dieser Insel (Peukê) hat sich angesiedelt Aspar-hruk der Sohn des Chubrat'[8]), der vor den

---

1) Ptol. 5, 8 p. 346, 4 Οὐαρδάνης.

2) Vgl. die Karte des Schwarzen Meeres nach Ptolemaios in C. Müllers Geogr. Graeci min. Tab. XVI.

3) Cod. zibun sahmann, wofür ich vermute Zik'un sahmann 'das Gebiet der Ζίχοι'. Vgl. Konstantin. Porphyrog. de administr. imp. c. 42 p. 181, 10: ἀπὸ τὸ Ταμάταρχά ἐστι ποταμὸς ἀπὸ μιλίων ιη' ἢ καὶ κ', λεγόμενος Οὐκρούχ, ὁ διαχωρίζων τὴν Ζιχίαν καὶ τὸ Ταμάταρχα. ἀπὸ δὲ τοῦ Οὐκρούχ μέχρι τοῦ Νικόψεως ποταμοῦ, ἐν ᾧ καὶ κάστρον ἐστὶν ὁμώνυμον τῷ ποταμῷ, ἔστιν ἡ χώρα τῆς Ζιχίας. τὸ δὲ διάστημά ἐστι μίλια τ'. Ueber Nikopsis bemerkt Brosset, Histoire de la Géorgie I 61 n. 3: "Nicophsia, Anakophia, Nikopsis ou simplement Anakopi (ἀνακοπή), était autrefois un fort grec, donc les ruines se voient à la gauche de l'embouchure de la Psirste, entre Bombori et le Vieux-Soukhoum. Il fermait le passage d'une vallée étroite, conduisant en Aphkhazie".

4) Gemeint sind offenbar die fünf von den hippischen Bergen zur Maiotis strömenden Flüsse. Daraus folgt, dass ursprünglich ebenfalls fünf Horden beabsichtigt waren, wie bei den Byzantinern, obwohl nur vier aufgezählt werden.

5) sc. nach Thrakien.

6) lies Chubradaj statt Chudbadraj.

7) Die كشاك Kašak der Araber (Mas. Murūǧ II 3. 45 f. Tanbih ١٨٣, 8), Κασαχία bei Konstantin. Porphyrog. de administr. imp. c. 42 p. 177, 9. 181, 17.

8) lies Chubrat'aj.

Chazaren vom Gebirge der Bulɣaren floh, und wegzog und nach Westen vertrieb das Avar-Volk, und sich dort ansiedelte."

Asparuch ist, wie wir gesehen, nicht erst von den hippischen Bergen in Gross-Bulgarien an die Donaumündung gekommen. Unter den Tʻurkʻ sind oben wohl die Chazaren zu verstehen, die unter diesem Namen auch bei den Arabern, sowie bei Nikephoros und Theophanes genannt werden¹). Von den obengenannten Flüssen, nach welchen die Bulgarenhorden benannt sein sollen, ist nur der Κοῦφις (Kuban) bekannt. Die Olchontor Blkar, die nach Europa auswanderten, d. i. die Unogundur-Bulgaren sind sicherlich nicht nach einem Fluss benannt, und wohnten längst nicht mehr nördlich vom Pontos. Eine Erklärung für Duǯi-Bulkar böte sich nur dann, wenn man dafür Kuǯi-Bulkar lesen und dies als Wiedergabe von Κότραγοι, Κοτζαγηροί (= Kutriguren) fassen dürfte.

Die allmähliche Zurückdrängung der Βαρσήλτ (Bärčöl) durch die Chazaren nach Norden lässt sich bei Ps. Moses noch verfolgen. Es heisst nämlich p. 26, 2 = p. 36 der Uebs.:

„Und darauf kommen zwei andere Ströme aus der Gegend des Ostens, aus dem Gebirge des Nordens, das Ṛimika (Ῥυμμικὰ ὄρη) heisst, und bilden jenen 70armigen²), den die Türken den Strom Atʻl nennen. In dessen Mitte ist eine Insel, auf welche das Volk der Barsilkʻ kommt und sich befestigt vor dem mächtigen Volke der Chazirkʻ und Bušchkʻ, die, nachdem sie geweidet haben, von Ost und West im Winter dorthin kommen."

Dazu ist die Schilderung der Chazaren bei IBN RUSTA ‏ܐ‎, 15 zu vergleichen: „Die Hauptstadt der Chazaren ist Sāryɣšar ساريغشر, und es gibt dort eine andere Stadt, die Ha-

---

1) NIKEPH. ἰστ. σύντ. p. 15, 21. 16, 18 a. 622. 21, 29 a. 628. THEOPHANES p. 315, 15 τοὺς Τούρκους ἐκ τῆς ἑῴας, οὓς Χάζαρεις ὀνομάζουσιν A. M. 6117. p. 407, 6. 11. 14 wechseln Χαζαρία und ἡ τῶν Τούρκων γῆ, A. M. 6220. Im Jahre 6255 brechen die Τοῦρκα durch die kaspischen Tore in Armenien ein p. 433, 26, im folgenden Jahre nach Iberien p. 435, 20.

2) Vgl. Ist. ‏ܓܓܓ‎, 6 ff.

pubalyγ شب بلغ oder Chapu-balyγ خَبِبلغ[1]) heisst. Die Bevölkerung hält sich im Winter in diesen beiden Städten auf, wenn aber der Frühling herankommt, ziehen sie in die Steppen und bleiben dort bis zur Ankunft des Winters." Die Insel, auf welcher die Barsilk' vor den Chazaren und Bušchk' Schutz suchten, ist wohl dieselbe, auf welcher sich später der Palast des Chagans der Chazaren befand. Die Sitze der Bušchk' müssen sich nach den Angaben des Ps. Moses Chorenaçi, der sie S. 42, 26 auch an Stelle der 43 Völkerschaften von Skythien bei Ptol. und S. 43, 10 unter den 15 Völkerschaften von Sogdiana nennt, über das ganze Steppengebiet von der Wolga bis zum Aralsee und zum Sir-darjā erstreckt haben, stimmen also völlig mit denen der später auftretenden Pečenegen überein. Ist die Lesart Bulchk' oder Bulchk' richtig, so haben wir in ihnen wohl die sog. Wolga-Bulgaren zu sehen[2]), die später ein Reich an der obern Wolga und Kama gründeten, das sog. Schwarz-Bulgarien[3]), dessen Hauptstadt Bulγār in der Nähe des heutigen Kazan sich im Mittelalter zu einer bedeutenden Handelsstadt entwickelte. Diese Nation zerfiel in drei Stämme: der vornehmste waren die eigentlichen Bulgār, im S. gegen die ehemaligen Sitze der Magyaren und Pečenegen zu wohnten die Äsgil oder Isgil اسكِل, اسغِل (Ibn

---

1) Die Lesung خَنْبلغ Chan-balyγ für خَانبلغ Chān-balyγ ist durch die erste Schreibung ausgeschlossen.

2) Ob wir auch die Namen der beiden fremden Völkerschaften النحوز وانغرعان, die Alexander nach der von Lidzbarski publizierten Alexandergeschichte des Wahb b. Munabbih ZA. 8, 308 Z. 12 in Merw antrifft, in الغوز والبُرغار ändern und unter denselben die bekannten Ghuzen und unsere Bulchk' zwischen Wolga und Aralsee verstehen dürfen, wage ich nicht mit Sicherheit zu behaupten. Beide Völker würden freilich sehr gut zu der Zeit des Verfassers passen, so gut wie die Basken und Gallegos in Spanien. Mit grösserer Zuversicht ändere ich انحرر الغور والغَرْج, وانغرنج, die beiden fremden Völkerschaften in Herāt, in die Bewohner des Ghōr und Gharč-i šēr (Gharčistān).

3) Konstantin. Porphyrog. de administr. imp. c. 12 p. 3. c. 42 p. 180, 12.

Rusta ‏إفا‎, 11. ‏إفا‎, 6), den dritten Stamm bildeten die Bürčölü ‏برصول‎ d. i. die Barsilkʿ, die also schliesslich von den Bulch bezwungen und zum Anschluss genötigt worden sein müssen. Ps. Moses verwendet in seiner armenischen Geschichte bekanntlich die Barsilkʿ und Bulgaren schon lange vor dem 6. Jahrhundert. So lesen wir 2, 6 p. 75: „Nach Walaršak wurde das von den Alten sogenannte holzlose und obere Basēn wegen der Horde Wlëndur Bulkar des Wnund[1]), der sich an diesen Orten ansiedelte, nach seinem Namen Wanand genannt, und die Namen der Dörfer sind nach dem Namen seiner Brüder und Familien benannt bis heute." Die Benennung des Kantons Wanand in der Provinz Airarat nach dem Eponymos der Wlndur-Bulgaren d. i. der Unogundur-Horde [2]) ist natürlich eine echt pseudo-mosaische Etymologie und nichts weiter. Zu Grunde liegen dürfte ein Ereignis, das bei Theophanes p. 219, 8 a. 539 verzeichnet ist. Als Mundus, ein Gepide, der zum Statthalter von Illyrien ernannt war, sich in seine Provinz begab, brachen die Bulgaren in grosser Menge hervor, er aber rieb das ganze feindliche Heer auf und sandte den Führer mit andern Gefangenen nach Konstantinopel. Der Kaiser aber sandte die gefangenen Bulgaren nach Armenien und Lazika, und sie wurden in die numera eingereiht.

2, 58 p. 136/7: „In seinen (des Königs Artašēs) Tagen kamen auch die Arveleankʿ aus dem Volke der Alanen, die Verwandten der Satʿinik ihr nach und wurden zu einem Geschlecht und zu einer Statthalterschaft des Landes Armenien eingerichtet (erhoben), gleichsam als Verwandte der grossen Königin. Und in den Zeiten des Chosrow, des Vaters des Trdat (218 bis ca. 252) verschwägerten sie sich mit einer gewissen tapfern, eingewanderten Horde der Barsilkʿ[3])."

Schon der Umstand, dass die Barsilkʿ sich nach dieser Erzählung mit einem alten alanischen Geschlechte verschwägerten, würde darauf hindeuten, dass die Quelle des Moses

---

1) Lies Wnēndaj.
2) Wlëndur steht für Wuγundur = Oὐννογουνδοῦροι. Olchontor ist aus zwei gleichbedeutenden Formen Ochontor und Olontor (Oγontor) entstanden.
3) Die Angabe, die ich benutze (Ven. 1865), hat immer Basilkʿ.

auch hier von Alanen gesprochen hatte. Durch die zugehörige Erzählung 2, 65 p. 145 wird dies aber bewiesen. Es heisst hier vom König Walarš, dem Vater Chosrows I (197 bis 216): „In seinen Tagen vereinigte sich eine Bewegung seitens der Nördlichen, ich meine der Chazirkʿ und Barsilkʿ, hinauszugehen über das Thor von Čor, indem sie zu ihrem Oberhaupte und König einen gewissen Wšnasp Surhap [1]) nahmen. Diese überschritten dort den Fluss Kur. Als auf diese Walarš mit grosser Menge und mit kriegerischen Männern stiess, streckt er zerstreut nieder die Menge über die Oberfläche der Ebene, und nach weiter Verfolgung überschreitet er das Thor von Čor. Dort vereinigten sich die Feinde abermals und ordneten die Schlachtreihe, aber obwohl die tapfern Armenier auch diese zurücktrieben und zur Flucht zwangen, so stirbt doch Walarš von den Händen starker Bogenschützen".

Dass die hier genannten Feinde keine Barsilkʿ d. h. Hunnen, sondern Alanen gewesen sind, beweist schon der Name ihres Führers Wšnasp Surhap, pers. Wišnasp Suhrāp oder Surchāp „rotglänzend wie das Wišnasp(-Feuer)" [2]). Jener Kampf ist aber bei Moses oder in seiner Ueberlieferung fälschlich auf Walarš übertragen und gehört in die Regierung des Sanatruk und zwar ins Jahr 196 n. Chr., in welchem Dion 75, 3, 1 von einem Einfall der „Skythen" berichtete, wobei diese aber durch Naturereignisse und nachdem ihre drei Häuptlinge gefallen waren, wieder umkehrten [3]). Dagegen gehört der Rachezug von Walarš's Sohn Chosrow gegen die Kaukasusvölker, wobei derselbe 1% von allem als Kriegskontribution erhebt und „als Zeichen seiner Herrschaft eine Säule mit hellenischer Inschrift errichtet, auf dass es unzweideutig werde, dass es unter der Botmässigkeit der Römer stehe", ohne Zweifel unter König Walarš. Denn die letzte Bemerkung kann sich nur auf Severus beziehen, der von Armenien Geiseln

---

1) Lies Wšnasp für Wnasep.
2) Darnach ist wohl auch der Name Surchāb auf das Gušnasp-Feuer zu beziehen.
3) Vgl. ALBR. WIRTH, Quaestiones Severianae 35 und meine Beiträge zur Geschichte und Sage von Eran. ZDMG. 49, 649 f.
4) Synk. p. 671. Vgl. A. WIRTH, Quaest. Sever. p. 34. 38.

nahm und mit ihm Frieden schloss, und dann auch **Kolchis** oder Lazika unterwarf (a. 198 n. Chr.). Volagases Walarš) war aber gerade der König, welchen Severus bekriegte (Dion 75, 9, 6).

2, 85 S. 168 berichtet Moses: „Aber der König Trdat stieg mit allen Armeniern hinab in die Ebene der Gargaraçik', und begegnet den Nördlichen im Treffen der Schlacht. Und beim Handgemenge beider Parteien spaltet er entzwei die Masse der Feinde, riesenhaft angreifend. Nicht vermag ich zu schildern die Raschheit der Hand, wie unzählige von ihm auf die Erde geworfen wieder zurückschnellten. In der Weise eines von einem geschickten Fischer voll von Fischen auf die Erde hingeworfenen Netzes krabbelten sie auf der Oberfläche der Erde. Als dies der König der Barsilk' sah, kommt er nahe zum König hinzu, und indem er aus der Rüstung des Rosses den sehnigen, lederumhüllten Lasso reisst, und mit Wucht nach rückwärts schleudert, trifft er genau die linke Schulter und die rechte Achselhöhle. Denn er (Trdat) hatte den (rechten) Arm erhoben, um einen mit dem Schwerte zu schlagen. Und er selbst war gewappnet mit einer Kettenrüstung, wo die Pfeile nicht durchdrangen. Und da er nicht vermochte, mit der Hand den Riesen vom Fleck zu bringen[1]), machte er sich an die Brust des Pferdes, aber nicht so rasch beeilte er sich, das Ross zu spornen[2]), als der Riese mit der linken Hand zum Lasso zuvorkommend und (ihn) mit wuchtiger Kraft an sich ziehend, genau mit dem zweischneidigen zielte und den Mann mitten durchhieb und zugleich mit dem Nacken den Kopf des Pferdes."

Eine ähnliche Geschichte erzählt Josephos bell. Jud. 7, § 249 von Tiridates I von Armenien im Kampfe gegen die Alanen. Für die Bestimmung der Zeit des ersten Auftretens der Βαρσήλτ und der Chazaren ist also Ps. Moses absolut wertlos. Den Ausgangspunkt für die Substitution der Barsilk' an Stelle der von den alten Quellen genannten **Mazk'it'k**

---

1) D. h. den Trdat durch den Lasso an sich heranzuziehen.
2) Er gibt also seinen vergeblichen Versuch auf und will sich zurückziehen.

(Massageten) oder Alanen¹) bildete für Ps. Moses die Thatsache, dass ein Teil des alten Alanengebiets später von den hunnischen Bärčöl besetzt wurde und von ihnen den Namen Βερζυλία, Barsŭlia erhielt. Bereits Faustos von Byzanz und Agathangelos haben neben und an Stelle der Mazk'it'k' die Hunnen (Honk') eingesetzt.

Dagegen lassen sich mit Hilfe der byzantinisch-römischen Chronisten die Etappen der Urgeschichte der Bulgaren nunmehr feststellen. Die Bulgaren umfassten eine Anzahl von Horden, die in weiterem Sinne zu den Hunnen gerechnet wurden, so die Kutriguren und Utiguren, die Tarniach, Zab-ender und vor allen die Unug-undur. Ob auch die Unuguren nördlich vom Kaukasus zu den Bulgaren zählten, ist zweifelhaft. Die Sabiren (türk. Säbir, Sibir) dagegen werden niemals zu den Bulgaren gerechnet. Nach der Geographie des Ps. Moses p. 27, 17 wohnten sie östlich von den Hunnen bis zum Flusse A t'l²), der das asiatische Sarmatien von Skythien oder T'urk'astan, dem Reiche des Chak'ans trennt. Sie wurden durch die Avaren fast völlig aufgerieben und sind später ohne Zweifel in den Chazaren aufgegangen.

Andere Horden der Sabiren jedoch waren im Lande Jugrien, dem Stammlande der Magyaren nördlich vom Ural sitzen geblieben und gaben in der Folge dem heutigen Sibirien den Namen³).

Auch östlich von der Wolga zelteten Bulgarenhorden. Mehrere von diesen Horden werden ausdrücklich als Nachkommen der Var und Chunni (Οὐὰρ καὶ Χουννί) bezeichnet, so die Kutriguren, Tarniach und Zab-ender⁴). Dieser dem offiziellen Sprachgebrauch der Türken entlehnte Ausdruck, mit welchem besonders die sog. 'Pseudavaren' d. h. die euro-

---

1) Vgl. meine Unters. zur Gesch. von Eran I 48 N. 16.
2) Lies ç-At'ld für das unsinnige ç-T'ald des Textes. p. 12, 7 sind die beiden Namen der Wolga, der ptolemäische und türkische gar in Taraj (lies Araj = 'Pā) und Emat' (lies At'l; em ist nur Dittographie der letzten Buchstaben des vorangehenden Wortes karcem) verstümmelt.
3) Vgl. W. TOMASCHEK, Kritik der ältesten Nachrichten über den skythischen Norden II 44. SBWA. Bd. 117, 1888 Nr. 1.
4) Theophyl. Sim. 7, 8, 16. 17.

päischen Avaren belegt werden, ist völlig synonym mit der chinesischen Bezeichnung verschiedener altaischer Völker als 'Nachkommen der alten Hiung-nu', wie daraus besonders klar hervorgeht, dass auch die vom Chagan der Türken besiegten Ὀγώρ am Flusse Τίλ als Abkömmlinge der Var und Chunni bezeichnet werden [1]). Die Ὀγώρ sind ohne Frage die Uiguren, die von den Chinesen um diese Zeit T'ie-le genannt werden. Mit der Besiegung und Unterwerfung der T'ie-le a. 546 beginnt die türkische Geschichte [2]). Der Name T'ie-le hängt vermutlich mit dem des Flusses Τίλ zusammen, 'den die Türken den schwarzen nennen' [3]). Darunter ist wohl die Toγla zu verstehen, an welcher wenigstens im 7. und 8. Jahrhundert die Hauptsitze der Uiguren waren [4]), der Name Τίλ aber ist nichts anderes als das Appellativum ätil, itil 'Strom', mit dem auch die mit den Hunnen nach Westen gezogenen Uiguren den Strom, an welchem sie sich niederliessen, benannten. Wohl im Unterschied vom westlichen Itil, der Wolga, werden die Türken die Toγla den 'schwarzen Strom' Qara Itil genannt haben. Die türkische Form des Namens T'ie-le wird also Ätillik gelautet haben. Die T'ie-le werden aber wie die Uigur von den Chinesen ausdrücklich als Nachkommen der Hiung-nu bezeichnet. Der Ursprung des Namens Οὐάρ, den noch ein Teil der Stämme der europäischen Avaren geführt haben soll (Theophyl. 7, 8, 6), ist noch unbekannt.

Die Bulgaren folgten Attila auf seinen Heerzügen nach Westeuropa, doch sind wohl beträchtliche Teile der Horden in den Sitzen am Kuban und Jaik zurückgeblieben. Nach der Auflösung des grossen Hunnenreiches lässt sich Attilas jüngster Sohn Ernak mit der Unugundur-Horde in Bessarabien nieder; später gerät die Horde unter die Botmässigkeit des Avarenchagans, der auch die Utiguren- und Kutrigurenhorden unter-

---

1) Theophyl. 7, 7, 13 f.
2) Journ. as. 1864, 1, 329. 350.
3) Theophyl. 7, 7, 13.
4) So bereits DEGUIGNES I 474, unrichtig ZEUSS, Die Deutschen und ihre Nachbarstämme S. 713 Note (der Fluss von Järkand), ganz verkehrt RÉMUSAT, Recherches sur les langues tartares I 320 und ihm folgend SAINT-MARTIN bei LEBEAU 9, 373 (der Atel oder die Wolga).

wirft. Eine Horde der Kutriguren wird um 560 in Pannonien angesiedelt, aber ums Jahr 630 von da vertrieben und in Bajuvarien vernichtet. Im Jahre 597 war abermals eine aus mehreren Stämmen zusammengesetzte Bulgarenhorde an die Donau gewandert. Im Jahre 635 sagt der Fürst der Unugundurhorde den durch die missglückten Züge gegen Konstantinopel geschwächten Avaren den Gehorsam auf, ums Jahr 679 erfolgt abermals eine starke Auswanderung aus Gross-Bulgarien am Kuban, die den Fürsten der Unugundur-Bulgaren Asparuch in den Stand setzt, sich jenseits der Donau endgiltig festzusetzen. Die in der pontischen Heimat zurückgebliebenen Bulgaren aber geraten, ebenso wie die Uiguren an der Wolga unter die Botmässigkeit der Chazaren oder Türken, deren Aufkommen genau mit dem Niedergang und der Vernichtung des osttürkischen Reiches zusammenfällt. Der Ursprung ihres Staates ist bis jetzt noch unbekannt [1]).

Die Bulgaren am Kuban werden von Tabarī [2]) zur Zeit des Königs Chosrau I neben Chazaren und Balangar genannt. I, ٩٠٠, 2 erscheinen sie unter dem Namen برجان Burgān, womit sonst die Donau-Bulgaren bezeichnet werden. Sie werden noch erwähnt bei Ibn Rusta ١٣٩, 9: „Das Land der Chazaren ist ein weites Land: an eine von seinen Seiten stösst ein gewaltiges Gebirge, und das ist das Gebirge, an dessen äusserstem Ende die Töläs (طولاس) und لوغر wohnen, und dieses Gebirge dehnt sich aus bis zum Lande von Tiflīs." Wir haben also hier eine Abteilung des Töläsvolkes, das uns von den Osttürken her bekannt ist [3]). Für لوغر ist الْبُرْغَر Burγar zu lesen.

1) Vgl. meinen Aufsatz 'Historische Glossen zu den alttürkischen Inschriften'. WZKM. XII.

2) Tab. I ٨٩٠, 1. 16. ٨٩٩, 4 ist zu lesen اَنْحَزَر وبُلْغَر وبَلَنْجَر.

3) BARTHOLD, Die historische Bedeutung der alttürkischen Inschriften S. 9 und N. 5 führt dieselbe Notiz aus dem Perser 'Aufī (13. Jh.) an. Sie findet sich, jedoch in schlechterer Fassung, auch bei BEKRI (KUNIK und ROSEN, Izwēstija S. 45, 7), wo طولاس und لوغر in ايبن und اوغون verstümmelt sind. — Dōlös heisst auch ein Geschlecht der Abteilung Bugu der Kara-Kirgizen (VÁMBÉRY, Das Türken-

Es können nur die Bulgaren am Kuban und der Maiotis gemeint sein, deren Sitze am nordwestlichen Ende des Kaukasus ganz richtig bezeichnet sind.

Eine Spur der pontischen Bulgaren findet sich auch noch bei Masʿūdī, Murūǧ II 7: „Itil ist die Stadt, wo der König der Chazaren gegenwärtig residiert. Sie wird in 3 Teile geteilt durch einen gewaltigen Strom, der von den obersten der Türkenländer herabkommt und von dem sich ein Arm abzweigt nach dem Lande der Burγar und in die Maiotis mündet." Hier ist entweder der Don oder der Kuban als Arm der Wolga und als Fluss des Bulgarenlandes betrachtet. Wenn der Verfasser aber p. 15 sagt: „Die Stadt der Burγar, welche an der Küste der Maiotis liegt — ich glaube aber, dass sie im 7. Klima wohnen. Sie sind ein türkisches Volk. Es gibt ununterbrochen Karawanen von ihnen nach Chwārizm in Chorāsān und von Chwārizm zu ihnen", so meint er hier, wie aus dem folgenden ersichtlich ist, die Stadt Bulγār an der obern Wolga. Er hat also hier die pontischen und die Wolga-Bulgaren gröblich verwechselt. p. 24 dagegen, wo er sagt: „vielleicht verstehen aber die, welche sagen, dass das Meer der Chazaren mit dem Kanal von Konstantinopel zusammenhänge, unter dem Meer der Chazaren die Maiotis und den Pontos, welcher das Meer der Burγar und Russen ist", denkt er wohl an die Donau-Bulgaren, ebenso I 273.

Während wir also von den pontischen Bulgaren später nur noch vereinzelte Spuren finden, haben die Donau-Bulgaren ihren Namen, wenn auch nicht ihre Sprache und Nationalität bis auf unsere Zeit gerettet. Der von Ernak begründete Bulgaren-Staat darf sich an Alter wohl mit der Gründung des allerchristlichsten Königs Chlodowech messen, mit dem Unterschiede freilich, dass die Bulgaren viel länger als die Franken unverfälschte Barbaren geblieben sind und ihre Nationalität und Sprache bis tief ins 9. Jahrhundert hinein bewahrt haben.

Was endlich die altbulgarischen Glossen in der Fürsten-

---

volk S. 263). Nach Abū'l Ghāzī p. 46 sind die Tölās wie die Turghaut und Quri ein oruq der Uirat, die östlich vom Lande der Mongolen wohnten. Vgl. auch THOMSEN, Inscriptions de l'Orkhon déchiffrées 146 n. 21.

liste anlangt, so müsste, wenn RADLOFFS Ansicht, der in denselben Zahlwörter sieht, richtig wäre, doch eine bestimmte Beziehung zwischen den in Zahlzeichen ausgedrückten Regierungsjahren und den angeblichen nichtslawischen Zahlwörtern bestehen, m. a. W. die in Ziffern ausgedrückten Zahlen müssten die Regierungsjahre, die in nichtslawischer Sprache ausgedrückten die Lebensjahre darstellen. Dies stimmt aber gleich bei den beiden ersten Herrschern nicht. Denn bei diesen werden vom Verfasser der Liste Lebens- und Regierungsjahre (300 und 150) als identisch betrachtet, die Glosse dilom tvirem ergäbe aber nach RADLOFF je 25! Ganz abgesehen von den sprachwissenschaftlichen Bedenken, die RADLOFFS Erklärungen entgegenstehen, und deren weitere Erörterung ich ruhig den Turkologen überlassen kann[1]), lassen sich jene Glossen also vom historischen Standpunkte aus unmöglich als Zahlwörter auffassen. Dies lässt sich am schlagendsten an folgendem Beispiel beweisen. Bei Telec, der nur 3 Jahre regiert, steht die Glosse „anni eius somor altem", das wäre nach RADLOFF 60 + ?. Nun wissen wir aber, dass Telec bei seinem Regierungsantritt 30 Jahre alt war, also, da er schon nach 3 Jahren getötet wurde, überhaupt nur 33 Jahre erreichte.

Es können also in diesen Glossen überhaupt keine Zahlwörter stecken, sondern nur, wie schon TOMASCHEK vermutete[2]), Charakteristiken der Regierungen und Persönlichkeiten der einzelnen Chane.

---

1) Ich begnüge mich darauf hinzuweisen, dass uns RADLOFF zumutet zu glauben, dass in einem und demselben Denkmal das Zahlwort neun drei oder gar vier lautlich wesentlich verschiedene Formen aufweisen soll!

2) W. TOMASCHEK, Zschr. f. d. österr. Gymnasien XXVIII, 1877, S. 683.

Anhang.

Die Erklärung der köktürkischen Inschriften hat — das glaube ich getrost behaupten zu dürfen — aus den Vergleichen mit verwandten Sprachen d. h. mit dem Mongolischen, Mandschu, Tungusischen und Jakutischen schon so viel Nutzen gezogen, dass es Niemanden wundern wird, mich auf dem einmal betretenen Weg grundsätzlich weiter schreiten zu sehn:

1. Gegen Südseite, p. 3 halte ich jetzt a p y t ganz entschieden für einen t-Plural von *a p y n, der n-Form des mongol. a b u „père" (p : b wie in a p a : a b a). Beachtet man jetzt den Wechsel b : m, wie er gerade in mong. a b a = mand. a m a vorliegt, so wird man als genaue lautliche Entsprechungen von a p y n ansehn dürfen: Jučen a-mīn; tungus. amin, amen, amiñi (= amin + gi?) „Vater" (Castrén, p. 134; Mél. asiat. VIII, p. 359).

Wenn meine Gleichstellung von a p y t mit der chines. Umschrift b o u t richtig ist (cf. WZKM, 12, p. 47, Anm. 1)[1]), so muss diese einen alten Fehler enthalten. Ein solcher ist keineswegs unerhört; cf. z. B. T o u - k i n - (c h a n) = Ütükän (Journ. asiat., mars-avril 1864, p. 335).

Zur Bedeutung von a p y t vergleiche man Ma Toan-lin: „il y avait primitivement dix rangs d'officiers supérieurs et inférieurs, qui étaient nommés d'après leur figure, leur âge[2], leur extérieur etc. etc. (Schlegel, Stèle funéraire, p. 7).

2. Sodann m a g y k u r g a n I N 8, II E 31, der Platz in welchem Bilgä Khan und Kül Tägin unter schwierigen Umständen überwinterten. Ueber k u r g a n braucht man vom türkologischen Standpunkte aus kein Wort zu verlieren; ich

---

1) [S. aber unten S. 48 N. 2. J. M.]
2) cf. apa-tarkan; dazu das Gegenteil baga-tarkan, worauf mich Marquart aufmerksam macht; baga = mong. bagha „jeune".

will nur bemerken, dass ihm im Mongol. k h o r g a „château, castel, fort, forteresse" entspricht; zu diesem hat schon BÖHTLINGK das jakut. k h o r g o „Versteck, Schutz" gestellt. Ganz anders liegt die Sache bei m a g y, dem, soviel ich wenigstens sehe, im Türkischen nichts entspricht. Im Mongolischen entspricht m a g h u „mauvais, affreux, malheureux, néfaste etc.", sowie m o o k h a i „mauvais, mal", zu denen das burjätische m u, m u k a i, m u k h a i „schlecht" zu vergleichen ist. Ob in m a g u k u r g a n vielleicht eine Umtaufung, wie in Benevent-Malevent vorliegt, oder ob m a g u k u r g a u (- d a) k y š l a p etwa nur durch „nachdem wir an einem schlechten Platze überwintert hatten", zu übersetzen ist, lässt sich nicht mit Sicherheit ausmachen; eine dritte Möglichkeit wird sich aus der Besprechung von ä z ä g ä n t i k a d a z ergeben.

Uebrigens illustriert m a g h u auch nicht übel den Gebrauch des kökt. j a b l a k „schlecht, abtrünnig, untreu" z. B. in I N 7; denn es kommt in der zusammengezogenen Form m o o gerade in der Bedeutung „untreu" vor im Geser Khan p. 80, Z. 11. k h a t u n tšinu m o o b o l b a i „Deine Gemahlin ist schlecht, untreu geworden"[1]).

3. Die fünfte Schlacht gegen die Oguz fand nach I N 7 bei z g n t i k a d a z (II E 31 z g n̦ d i k a d a z) statt. Zum Stamm von k a d a z stellt sich ungezwungen das mongol. k h a d a „rocher", mand. h a d a „Felsen", (burj. k a d a, k h a d a bei CASTRÉN, p. 110, 122)[2]). Gewisse Schwierigkeiten macht auf den ersten Blick das auslautende -z, das man bei der Unsicherheit der tungusischen Längen mit dem auslautenden -r der tungus. Entsprechungen k a d ä r (CASTRÉN), k a d á r (M él. a s i a t. VIII, p. 371) vergleichen könnte. Ich glaube jedoch, dass in k a d ä r die Länge eine thatsächliche, durch Contraction und

---

1) BÖHTLINGK vergleicht zu m a g h u das jak. mökü „schlecht, verwerflich, hässlich".

2) Dazu (nach Phonetik, § 275) das türkische kaja in bäng ü kaja, Inschrift vom Kara-Jüs; altaisch kaja, Proben, l, pp. 135, 164 etc.; cf. قلا „rocher". Sollte es sich an Hand späterer Funde herausstellen, dass -z, wie -t, nicht nur mongolische Pluralendung ist (cf. heute schon j o t a z), so wäre das in diesem Falle gut köktürkische k a d a = osm. kaja mit kökt. adak = osm. a j a k zu vergleichen.

nicht durch den Wortton bedingte ist, sodass k a d ä r für
*k a d a g h a r steht; cf. mong. d o b o „colline, monticule" und
die Ableitung d o b o g h o r „élévation".
    Ich bin daher der Ansicht, dass -z in k a d a z dem mongol. Pluralsuffix -s entspricht; cf. tung. k a d ā s a l „Berge",
CASTRÉN, p. 7.
    Zur Erklärung von z g n t i sehe ich auf dem ganzen altaischen Gebiete nur das mong. i s i g ä n, i š i g ä n „chevreau,
jeune bouc, Ziegenlamm, Zickel"; der Stamm wäre also als
ä z ä g ä n, i z i g ä n¹) anzusetzen; in -ti liegt dann das bekannte Suffix -t u, -t ü vor, das gerade bei näheren Bestimmungen von Bergnamen gern im Mongolischen gebraucht wird:
ä l ä s ü t ü a g h o l a „Sandberg" (Geser Khan, p. 113, Z. 9) zu
ä l ä s ü, ä l ä s ü n „sable"; t s a s a t u a g h o l a „Schneeberg"
(Geser Khan, p. 82, Z. 16: t s a s a t u t s a g h a n a g h o l a; cf.
KOWALEWSKI s. v.) zu t s a s u, t s a s u n „neige"²).
    Das ganze Aeussere von ä z ä g ä n t i k a d a z ist m. A. n. so
ausgeprägt mongolisch, dass man annehmen möchte, diese beiden
Wörter seien geradezu die ersten uns durch einen glücklichen
Zufall erhaltenen mongolischen Wörter³). Ein Analogon finden
wir in den altiranischen Eigennamen, die uns, lange Zeit vor
Fixirung des Altpersischen durch die Keilschrift, in assyrischbabylon. Inschriften aufbewahrt sind. Dasselbe kann, wie
oben angedeutet, von M a g u k u r g a n gelten.
    4. Meine Auffassung von I E 30 i n i m K ü l - T ä g i n özinčä kärgäk buldy (wozu I E 3—4 und I N 10 zu vergleichen
sind) ist jetzt die folgende: da č a, č ä⁴) sonst immer = „wie,

---
    1) cf. den Eigennamen Äzägänä (ein Türgäs) in den Inschriften
von der Tuba (RADL., p. 344).
    2) cf. auch KOWALEWSKI s. v. ghaltu, khadatu. Eine höchst
aufmerksame Betrachtung seines äzgänti hat offenbar schon THOMSEN
veranlasst, in kadaz einen Begriff wie Thal etc. zu vermuthen.
    3) Dass üzägänti (äzägäntü) kadaz als Fremdwörter empfunden
wurden und als solche Jolyg Tägin nicht ganz geläufig waren, kann
auch aus dem sonderbaren Schreibfehler kadaz-dä hervorgehn.
    4) Wie RADLOFF dazu kommt, in I S E die letzten Worte durch
„und lebet unter den Himmlischen fort" zu übersetzen, ist mir trotz
seiner Erklärungen unbegreiflich. „Die Himmlischen" könnte höchstens
tänridäki sein (zu -daky cf. mong. -daki, -dakin, z. B.
S a n a n g S e t s e n, p. 286). Ich lese den Schluss: tünridä tirig-

gleichwie" ist, so fasse ich es auch hier so: „wie durch sich selbst, wie von selbst".

RADLOFF fasst özinčä in I E 3—4 als „und war in Beziehung auf sich selbst am Ende" (p. 112 s. v. kärgäk), wobei sich „auf sich selbst" doch auf den Khan beziehen soll. Es wäre das eine ganz entsetzliche Ausdrucksweise, da man nicht in Beziehung auf einen anderen am Ende sein kann! Auf p. 100 (s. v. öz) interpretiert er: in Bezug auf sich selbst trat das Ende ein, wo sich „sich selbst" selbstredend auf „Ende" beziehen soll. An und für sich ist an dieser Stelle gegen diese Auffassung nicht viel einzuwenden — weder von Seiten der Logik noch von Seiten der Grammatik; die Richtigkeit von RADLOFFS Erklärung jedoch vorausgesetzt müsste es in I E 30 inim Kül-Tägin kärgäk özinčä boldy[1]) heissen, eine Construction, die sich höchst wahrscheinlich auch in I E 3—4 gefunden haben würde, wenn RADLOFFS Auffassung richtig wäre.

Was kärgäk anbetrifft, so ist seine Bedeutung aus den Stellen, an denen es vorkommt, mit ziemlicher Sicherheit zu erschliessen. Zur Wurzel stellt sich das mongol. kiri „mesure, proportion, décence, bienséance, calcul, suivant, selon, conformément à, temps déterminé[2]) (cf. tungus. kirä „Zeit"), étendue", und seine Ableitungen; ferner das jakut. käriṅ „ungefähre Schätzung, Zahl, ungefähres Maass (cf. tel. krä „Maass"), Pflicht,

---

däkičä boltačysiz = „und im Himmel werdet ihr wie die im Leben befindlichen sein". Die Ergänzung einer Verbalform (man könnte auch an einen Optativ denken) ist unbedingt nötig, da tirigdäkičä nicht den Schluss bilden kann; für die Ergänzung von idä in täṅridä bietet sowohl tab. 5 der finnischen Ausgabe, als tab. 18 von RADLOFFS Atlas genügenden Raum. Aus dem Complex tirigdäki ergiebt sich übrigens ohne Frage ein Substantiv tirig „Leben", mit dem jedoch tirigi (= tiri + gi) in I N 9 nichts zu thun hat (THOMSEN, p. 209).

1) Subject wäre kärgäk und Kül-Tägin Genitif.
2) cf. tsak, tšak „Zeit, Maass" bei BÖHTLINGK, Gram., § 427; ist die dort vorgetragene Ansicht richtig (cf. auch RADLOFF, Neue Folge, p. 65), so würde ich in -čo eine Assimilierung aus nčo = kökt. -nča in anča, bunča sehn; ich brauche wohl kaum zu bemerken, dass sich die Bemerkung Südseite, p. 17, Anm. 1 nur auf die Bedeutung „damalig" beziehen kann.

Schuldigkeit"; **käriṅükh** „mit einem ungefähren Maass versehn" aber auch „verpflichtet", wozu mong. **kiri in jabokhui kiri** „il est temps d'aller" zu vergleichen ist, sowie **kiri-yi daghakhu** „vivre d'après ses moyens". Alle diese Bedeutungen machen es mir höchst wahrscheinlich, dass zu **kökt. kärgäk** auch osm. **gäräk**, seldż. **gäräk** „urgent, nécessaire, besoin, nécessité, il faut etc." gehört; zu $rg = r$ sind die weiter folgenden Ausführungen zu vergleichen; allerdings entspricht im Uigur. **käräk**. Aus den angeführten Bedeutungen erhellt im Uebrigen zur Genüge, dass auch mand. **herdembi** „das Seine zu Rathe halten", **hergin** „Vorschrift, Pflicht", und wohl **hersembi** „ordnen, richten" zu **kär** gehören.

Das Suffix ist demnach -**gäk** (wohl = -**gä-k**), das im Kökt. noch vorliegt in **bulgak**, von **bul**; cf. osm. **bulašmak** „se mêler, s'embrouiller, être souillé", **bulandyrmak** „troubler, rendre trouble", **bulanyk** „trouble, troublé" (**bulanyk su** „eau trouble") und **allak bullak** „troublé, confondu, mêlé" (? **bullak** = ***bulgak**?)[1]), **bulašyk** „sale, souillé, sali, mêlé, embrouillé", mong. **bulaṅgir** „bourbeux, sale, fangeux, limoneux, vicieux", **bulaṅgirtaghulkhu** „troubler, rendre bourbeux, malpropre" etc.

Ferner liegt -**gäk** vor in **ämgäk** = uig. **ämgäk**, mong. **ämgäk** „douleur, tourment, estropié, mutilé", **ämgänitkäkü** „inquiéter, troubler le repos, chagriner", **ämgänil** „inquiétude, trouble, grand souci", osm. **ämäk** „fatigue, peine, labeur"; cf. ? mand. **emekei, ebegei** „ich fürchte, dass"?

Zum Wegfall des g im Osmanli, d. h. wohl: zur Assimilation des g an den vorhergehenden Laut vergl. auch uigur. **tutgak** = osm. **dudak** „lèvre" und in etwas anderem Sinne kökt. **üdgü** = osm. **eji**, uigur. **kädgü** = osm. **gijim**.

Die grösste Schwierigkeit bildet schliesslich bei der bisherigen Auffassung die Construction; doch ist ohne weiteres

---

[1] cf. jakut. **alla bulla kuturuk** „ein Schweif mit nicht gleich langen Haaren" bei BÖHTLINGK, Wörterbuch, p. 144, wo man auch die übrigen Ableitungen unseres **bul** einsehn mag; für das Uigur. vergl. VÁMBÉRY, Kud.-Bil. p. 213; für das Čag. VÁMBÉRY, p. 249; für das Comanische, KUUN, p. 303.

klar, dass wir statt **boldy** vielmehr **buldy** zu lesen haben „trouver, obtenir, atteindre", so dass die ganze Stelle I E 31 zu übersetzen ist: „Mein jüngerer Bruder Kül-Tägin fand wie von selbst (sein) Maass, (sein) Ende" d. h. er starb eines natürlichen Todes (cf. μέτρον βίου, μέτρον ἐτέων). Auch in I N 10 ist wohl **inim Kül-Tägin kärgäk buldy** zu lesen, obwohl hier grammatisch auch die Auffassung: „Kül-Tügins Ende war (**boldy**) = trat ein" möglich wäre (nur **buldy** in I E 3—4). Leugnet man jedoch die Möglichkeit, dass der Complex b + > + l sowohl **bul** als **bol** wiedergeben kann, so hätte man **kärgäk (-dä) boldy** zu lesen, wie dies schon in RADLOFFS Auffassung zu Tage tritt. Mir erscheint diese Auslassung ungemein hart; sie findet sich sonst nur noch bei Oertlichkeiten, wo also der Natur der Sache nach keine Undeutlichkeit entstehn konnte [1]).

5. Das Wort **jotaz** kommt, mehr oder weniger verstümmelt, viermal in unseren Texten vor, z. B. II E 24:

    oglyn jotazyn
    jylkysyn barymyn.

Da die ersten Glieder der beiden Reihen etwas Lebendiges, das zweite Glied der letzten Reihe (**barym**) dagegen etwas Lebloses bezeichnet, so dürfen wir von vornherein aus dem Parallelismus schliessen, dass **jotaz** ebenfalls etwas Lebloses bedeuten muss; cf. dazu das Nebeneinander von **barym** und **äb** in I N 1. Da nun in II E 38 erzählt wird, der Khan sei den Oguz nach China nachgesetzt und habe ihnen ihre **jotaz** genommen, so kann das Wort, da die Oguz in China nicht ansässig waren, nur „Zelte, Zeltlager" bedeuten.

Diese Bedeutung, die sich bei einigem Nachdenken schon klar aus dem Context ergiebt, wird nun auch durch die Etymologie gestützt: Wie **jadagyn** neben **adak** steht, so kann (nach RADLOFF, Phonetik, § 244 ff.) **jota** neben einem kökt. ***ota** stehn. Dieses ***ota** finde ich im osm. **oda** „chambre,

---

1) Im mong. heisst **ätsüs bolbai** (wörtl. Ende ist) nach KOWALEWSKI „s'est fini, il vient de mourir"; KOWALEWSKI führt diesen Ausdruck nach einem Wörterbuch an; ich glaube nicht, dass man es mit einer Person als Subject gebrauchen könnte; es wird unserem „es ist aus, es ist vollendet" entsprechen.

maison", čag. **otak** „Gemach, Zimmer", mong. **otok** „Stamm, Volksstamm", burj. **otek**, **otok** „Nothlager", tung. **otok** „Zelt, Nothlager", jak. **otū** „Lagerplatz". Das auslautende -z erkläre ich wie in **kadaz**; im Mong. wird -s fast ausschliesslich bei leblosen Dingen gebraucht! Es ist weiter möglich, dass sich der Anlaut von **jota** auch im tung. **zū** „Zelt" (dazu vergl. SCHIEFNER-CASTRÉN jak. **jiä** bei BÖHTL. p. 124), kondog. **žu**, ochots. **ḍu** erhalten hat[1]). Eine andere Möglichkeit will ich nicht ganz unerwähnt lassen, so sonderbar sie uns auch erscheinen will: da zu **jadag-yn** sich ganz ungezwungen das mong. **yabaghan**, burj. **jabagań**, mand. **yafahan**, **yafagan**, tung. **japkan** „zu Fuss" stellt, so kann *****ota** auch mit dem bekannten **oba** „Zelt etc." verglichen werden. Ich bemerke ausdrücklich, dass ich diesen Wechsel von b : d, ebenso wie den von b und g, nicht als durch eine phonetische, **allmähliche Entwicklung** entstanden betrachte, sondern ihn für einen wahren **Wechsel** halte, der durch Wegfall des ursprünglichen Consonanten bedingt ist; rein theoretisch dargestellt heisst das etwa: **ota**, **oda**, **oja**, **oʲa**, **o⁰a : oba** oder auch **oga**!

Wie dem auch sei — und es wird noch sehr langer Untersuchungen über die einzelnen Schichten bedürfen[2]) —, so glaube ich doch, dass mein Vergleich von **jota** mit **oda** die Probe bestehn wird.

6. Ganz dasselbe Verhältnis finde ich in **algazyn** (II S 10). Das betr. Jahr heisst sonst immer **tuńuz**[3]);

---

[1]) Wie lautet die Form im Tschuwaschischen?

[2]) Man denke daran, dass RADLOFF selbst (§ 274 der Phonetik) **pot**, **pos**, **poi**, **boi**, **beje**, **öz** mit einander vergleicht; zu **pot** kann auch mong. **boda** „personne, forme", zu **öz** kann auch mong. **öber**, burj. **ör** gestellt werden!

[3]) Albīrūnī, trad. SACHAU, p. 83; JOH. GRAVIUS, Epochae celebriores Astronomis.... Chataiorum etc. usitatae, pp. 5–6. An der angeführten Stelle aus Albīrūnī's Chronologie stehn auch die ungemein interessanten Ordinalia auf nj (**ikinj**, **beshinj** etc.), die genau unsern **kökt.** Formen auf **nč** entsprechen; cf. auch BÖHTLINGK, Gramm., §§ 171, 412, und die Mandschu Ordinalia **ilaci**, **orici** etc. Ob die von BÖHTLINGK l. c. § 412 Anm. (cf. § 387) angedeutete Erklärung richtig ist, bleibt abzuwarten.

THOMSEN's Vergleich von mand. ulgiyan verdankt nur der Verlegenheit sein Dasein. Nach meiner Ansicht steht algazyn für *jalgazyn; dazu vergl. mong. dzalghasun „une pièce ajoutée, une rallonge" von dzulgha-khu „adjoindre, ajouter, réunir"; cf. sonst mong. dzalghaldakhu „suivre, aller après, succéder etc." mand. jalgambi (jalga-n-bi) „wieder zusammenfügen, leimen" und das schon von KOWALEWSKI herbeigezogene čag. jalgamak „anknüpfen, anbinden" [1]). Demnach könnte algazyn jyl etwa „das folgende Jahr" bedeuten [2]). Noch wahrscheinlicher ist es mir jedoch, schon vom rein grammatischen Standpunkte aus, dass algazyn jyl wörtl. „das Jahr der Einschiebung, Verlängerung etc. = „Schaltjahr" bedeutet (cf. Mém. conc. Chin. XVI. p. 27 Note). Auch hier muss uns ein Sinologe helfen; es wird sich dann auch wohl herausstellen, dass die Daten nicht so in Unordnung sind, als THOMSEN dies annimmt (Note 83, passim).

7. Die sowohl in II S 15 als II N 9—10 vorkommende Form ärtänü soll nach RADLOFF (N. F. p. 163) ein Gerundium der Verschmelzung von einem Verbum ärtän sein; ein solches Verbum existiert aber nicht; ausserdem müsste es bei RADLOFFS Ableitung ärdän lauten und drittens ist die Stellung des Gerundiums vor äti resp. ulug absolut untürkisch.

Ich zerlege die Form in ärtän + gü und vergleiche zum Stamm das mongol. ärtän, ärtä „tôt, anciennement, ancien, antiquité, jadis", mand. erde „morgens, früh", jak. ärdän, ärdä „früh". Das Jakutische giebt uns in seinem ärdäńńi „früh" (aus ärdän + gi, cf. BÖHTLINGK, Gramm. § 383 und

---

1) cf. jak. salgāsyn „ein angesetztes Stück" von salgä „ansetzen, anstücken".

2) [Dies würde in der That vortrefflich zu der zweiten Stelle passen, wo das Wort bis jetzt zu belegen ist, in der Inschrift am Iche As'chete, nach RADLOFFS Bezeichnung A a 3 (S. 257). Bei der Begräbnisfeier für den Altun-Tamγan-Tarqan (den das goldene Tamγa führenden Tarchan) Täküš, den jüngeren Bruder des Kül-Tudun, die in der Regel 6 Monate nach dem Tode stattfand, waren bereits auch dessen zurückgebliebene „zwei Söhne Torγul und Jälgük im Alqazyn-Jahre fortgegangen" (gestorben). Das wäre also „im darauffolgenden Jahre" (nach dem Tode des Vaters). J. M.]

bügün, bügünnü) eine Form, die dem kökt. ärtänü Laut für Laut entspricht[1]). Ich gebe ihm nach dem Mongolischen und Comanischen die Bedeutung „althergebracht" und bemerke, dass ich törün in II N 9 mit Thomsen von törü ableite: „nach, mit, unter dem althergebrachten Ceremoniell". Uebrigens beweist diese Stelle zur Evidenz, dass man in I E 14 törüdä özä weder durch „nach der bestehenden Sitte" noch auch durch „mit jener Regierungsgewalt" übersetzen darf[2]).

8. Der Wechsel von j und s, den wir in jalgamak und salgasyn fanden, liegt ferner vor in kökt. jalma (I E 39), zu dem ich mong. salma, tsalma „noeud coulant, lacet etc.", čag. salma „Schlinge" etc. stelle[3]).

Die ganze Stelle liest Thomsen: jarakynda jalmasynda jüz artuk okun urty; in okun will er einen Instrumental sehn. Radloff (N. F. p. 59—60) meint, gegen diese Lesung sei Nichts einzuwenden, obwohl er selbst akun lesen will. Ich habe leider sehr viel gegen Thomsens Lesung einzuwenden: einmal liest Thomsen selbst und zwar mit Recht ok „Pfeil" in dem Complex idioksz (I E 3), zweitens aber ist

---

[1] cf. coman. ärtä čakta „quondam" (Kuun, p. 65) und ärtä „tempestive" (ibid., p. 71); čag. erte „früh"; kirgis. ertäk „Märchen", Proben, III, p. X.

[2] Das in II S 15 stehende mag kann vielleicht besser als Accusativ ma-g aufgefasst werden, da ein Thema mag weder zum Uigurischen noch zum comanischen mac (mac etkil! bei Kuun, pp. 141, 304) und den mongolischen Formen maktakhu etc. zu stimmen scheint. Ist aber mag = ma + g, so steht nichts im Weg, mit diesem mag das bekannte, bis jetzt etymologisch unklare maty zu verbinden. Da der Guttural auf der andern Seite jedoch zum Stamm zu gehören scheint, so würde ma, maty etwa für mak, mak + ty stehn; cf. ömäzsün zu ög; dasselbe kann ja auch vom uigur. magu, maku gelten, das sehr wohl als Verbalnomen (cf. Vambéry, Kud.-Bil. p. 39) aufgefasst werden kann (ma-gu, aus mak + gu). Die „althergebrachten" Feierlichkeiten, Huldigungen bei der Thronbesteigung beschreibt das Pien-i-tien unter den nördl. Wei (cf. Journ. asiat., mars-avril, 1864, p. 332).

[3] Lautlich ganz genau entspricht dem kt. jalma das mong. dzalma; die Grundbedeutung ist offenbar „Geworfenes etc." — Vgl. dieselbe Entwicklung in mong. ughurkhu „jeter, jeter dehors" und ughurkha „perche avec un noeud coulant pour attraper les chevaux". mand. urgan „Fangschlinge" (mong. urgha) etc.

es ganz unerhört, dass der Instrumental durch u n gekennzeichnet sein soll [1]).

RADLOFFS Lesung a k u n scheitert besonders an I E 36, wo er lesen müsste: b i r ü r i g a k u n u r t y; er hat sie denn auch willkürlich geändert. Ich lese den Complex k o n u r t y, Factitiv des bekannten k o n, dem ich die Bedeutung „zu Boden werfen, fällen" geben möchte. In j a r a k y n d a j a l m a s y n d a liegt kein Locativ, sondern d a - d a „und-und", sowie ein Instrumental vor: j a r a k y n - d a j a l m a s y n - d a. Ist nun die Bedeutung von j a l m a in der That „Schlinge" („Pfeil" wäre nicht unmöglich), so kann j a r a k an unserer Stelle nicht „Waffe" schlechthin sein; es muss vielmehr, als Gegensatz zu jalma, eine ganz bestimmte Waffengattung bezeichnen. Ich schlage vor, es durch „Bogen" [2]) zu übersetzen, da diese Bedeutung, der Antithese wegen, auch in I E 23 am Besten passt:

j a r a k l y g k a n d a n k ä l i p
s ü ń ü g l i g k a n d a n k ä l i p ä n

denn das einfache „Bewaffnete" bildet doch keinen Gegensatz zu s ü ń ü g l i g.

In I E 39 wäre also zu übersetzen: „und mit seinem Bogen und mit seiner Schlinge (Lasso) streckte er mehr als Hundert zu Boden".

Bei dieser Auffassung wird uns auch die Sachlage in I E 36 klarer: k o n u r ist der technische Ausdruck dafür, dass man aus der Ferne einen Feind vom Pferde herunter holt, während u d y š r u s a n č auf den Nahkampf, auf den Kampf „von Angesicht zu Angesicht" sich bezieht.

---

1) cf. THOMSENS eigne Note 44. Dafür dass die Silbe o k durch das Zeichen $\stackrel{|}{\vee}$ wiedergegeben werden kann, wird THOMSEN den Beweis auch nicht erbringen können.

2) cf. jak. sä „Schusswaffe" aber speciell auch „Bogen". Dass das weder von BÖHTLINGK noch von RADLOFF erklärte Wort zu j a r a k gehöre, will ich mit dieser Vergleichung übrigens nicht behaupten. Möglich ist es jedoch; cf. BÖHTL. § 224, RADLOFF, P h o n e t i k , § 106.

Nachträge und Verbesserungen.

S. 10 Z. 7 v. u. lies 'in der Nachbarschaft der Chazaren (lies Χάζαροι für Μάζαροι bei Konstantin. Porphyrog. p. 164, 10)' statt 'in der Nachbarschaft der Magyaren (Μάζαροι)'.
S. 10 Z. 2 v. u. l. 'zwischen Dnjepr und Donau (Atelkuzu)' st. 'zwischen Wolga und Kuzu'.
S. 10 Anm. 5 Z. 3 l. avtorov st. avtor.
S. 32 Anm. 3-setze Z. 12 vor 'Zu Radloffs' und Z. 19 nach 'zu lesen' Anführungszeichen.
S. 34 Z. 20 l. 's. u. S. 39 Anm.' st. 's. o. S. 30.'
Zu S. 40 und Anm. 1.

Noch genauer als zum bulgarischen καυκάνος stimmt das alttürkische qapγan zum avarischen capcanus bei Einhard, Annal. a. 805 (Pertz, MG. I 192): Capcanus, princeps Hunorum, propter necessitatem populi sui imperatorem adiit, postulans sibi locum dari ad habitandum inter Sabariam et Carnuntum, quia propter infestationem Sclavorum in pristinis sedibus esse non poterat. Quem imperator benigne suscepit; erat enim Capcanus Christianus, nomine Theodorus, et precibus eius annuens muneribus donatum redire permisit. Qui rediens ad populum suum, pauco tempore transacto diem obiit. Et misit Caganus unum de optimatibus suis, petens sibi honorem antiquum, quem Caganus apud Hunos habere solebat. Cuius precibus imperator adsensum praebuit, et summam totius regni iuxta priscum eorum ritum Caganum habere praecepit.

Hier wird der christliche capcanus Theodor ganz deutlich vom Chagan, der erst nach des erstern Tode vom Kaiser in der alten Chaganwürde bestätigt wird, unterschieden, und die Gleichsetzung der beiden Titel durch Zeuss (Die Deutschen und die Nachbarstämme 739 f.) und Géza Kuun (Relationum Hungarorum cum gentibus orientalibus hist. antiquissima II. 1895, p. 43) ist ebenso leichtfertig wie die Einsetzung von χαγάνος für das καυκάνος ihrer Quelle, des Georgios Hamartolos (p. 819 ed. Muralt), beim Fortsetzer des Theophanes VI 8 p. 401 ed. Bonn. und Kedrenos p. 299. Vgl. Kunik, Izvěstija al-Bekri p. 151 ff.

Bei den Avaren finden wir ausserdem den auch bei den Chazaren vorkommenden türkischen Titel Tudun (Einh. Ann. a. 795 u. ö.) oberdeutsch Zodan, ferner wird in den Jahren 782 und 796 neben dem Chagan der Jugurrus genannt. Eine weitere Würde scheint Canizauci (var. Camzanci) zu bezeichnen. Einh. Ann. a. 811: Fuerunt etiam Aquis adventum eius exspectantes qui de Pannonia venerunt, Canizauci princeps Avarum et Tudun, et alii primores ac duces Sclavorum circa Danubium habitantium etc. Vgl. Zeuss a. a. O.

Die lautliche Differenz zwischen der bulgarischen Form καυκάνος und dem avarischen capcanus beweist, dass die Bulgaren diesen Würdenamen nicht erst den Avaren entlehnt haben können. Er wird also wohl schon in die Zeit des ungeteilten Reiches der Hiung-nu zurückgehen. Um so höher ist diese Uebereinstimmung zwischen Bulgaren (Hunnen) und Avaren anzuschlagen, und kann als weitere Stütze für die Behauptung der Türkenchagane gelten, dass die europäischen Avaren mit den eigentlichen, von Tu-men besiegten und von Mo-kan-kʻan vernichteten Avaren (alttürk. Apar I E 4 = II E 5) d. i. den sogenannten Žuan-žuan nichts zu thun haben, sondern zu den Uiguren (im weitern Sinne) gehörten.

S. 41 Anm. Z. 3 v. u. füge hinzu: 'Der Oberst der Leibwache scheint den Titel büri qaɣan geführt zu haben. Schlegel, Stèle funéraire p. 7 gibt freilich nach Ma Twan-lin an: 'Le capitaine de la garde royale s'appelait Ali Khakhan', und Parker, A thousand years of the Tartars p. 181 sagt: 'Sometimes they appoint in addition a lin-khakhan, lin being the name for „wolf", the idea conveyed being that of a greed and murder'. In beiden Angaben muss aber ein Fehler stecken, da Parker p. 184 selbst angibt, dass die Leibwachen fu-li hiessen, „which in the language of Hia also means 'wolf'".

A - l i k‛o - h a n muss also ein Fehler sein für f u - l i k‛o-
h a n = b ü r i q a ɣ a n , l in k‛o - h a n aber wird Abkürzung
sein für f u - l i n k‛o - h a n'.
S. 56 Anm. 1 Z. 2 l. 'ed. Venedig 1865 p. 614 (so zu
lesen für S ō d i k‛)' st. 'ed. Soukry'.
S. 57 Anm. Z. 7 l. מנופה st. מגופה.
S. 57 Anm. Z. 2 v. u. l. داراىجرد st. داراىجد.
Zu S. 74 Z. 6 v. u. Wenn der Geograph von Ravenna
4, 6 p. 185, 4 bereits die B u l g a r e n z w i s c h e n U n t e r-
M o e s i e n u n d T h r a k i e n und 4, 1 ein bis zum Kuphis
(Kuban) reichendes Reich C h a z a r i a kennt, so spricht dies
nicht dafür, dass derselbe v o r 680 geschrieben hat, wie Kon-
rad Miller, Die ältesten Weltkarten VI 21 glaubt, vielmehr
gerade für eine Abfassung n a c h dem Jahre 679, in welchem
sich Asparuch auf dem rechten Donauufer festsetzte. Wenn
es in den Berichten des Nikephoros und Theophanes über dieses
Ereignis heisst, dass die Chazaren nach der Trennung der
Söhne des Kubrat die Gegenden über dem Pontos sämtlich
unterdrückt und auch den Fürsten von Gross-Bulgarien Bajan
tributpflichtig gemacht hätten, so braucht diese Entwicklung
im Jahre 679 noch keineswegs abgeschlossen gewesen zu sein.
Die Unterwerfung von Gross-Bulgarien am Kuphis setzt aber
der Ravennate bereits als bekannt voraus.
S. 75, Z. 5 v. u. Wie sehr Ernak bereits zu Lebzeiten
Attilas die Volksphantasie beschäftigte, dafür ist eine Erzählung
des Priskus ungemein bezeichnend. Bei einem zu Ehren der
römischen Gesandten gegebenen Gelage blieb Attila inmitten
der allgemeinen Ausgelassenheit völlig unbeweglich; nur als
sein jüngster Sohn Ernak (Ἡρνὰς) eintrat und sich zu ihm
setzte, blickte er ihn freundlich an und fasste ihn zärtlich an
der Wange. Als sich nun Priskus wunderte, wie Attila seine
übrigen Söhne vernachlässige und nur für jenen Sinn habe,
erklärte ein neben ihm sitzender Hunne, τοὺς μάντεις τῷ Ἀτ-
τίλᾳ προηγορευκέναι, τ ὸ μ ὲ ν α ὐ τ ο ῦ π ε σ ε ῖ σ θ α ι γ έ ν ο ς ,
ὑ π ὸ δ ὲ τ ο ῦ π α ι δ ὸ ς ἀ ν α σ τ ή σ ε σ θ α ι τ ο ύ τ ο υ . Prisc.
fr. 8 bei C. Müller, FHG. IV p. 93 a, 3 (so lies S. 75 Anm. 3).
Die Erfüllung dieses Orakels hat Priskus noch erlebt und viel-

leicht auch beschrieben. Im Jahre 468 oder 469 ward Ernaks älterer Bruder Dengizich von Anagast getötet und sein Kopf nach Konstantinopel gebracht (Chron. Pasch. p. 323). So ward Ernak der legitime Erbe Attila's.